비즈니스
기초 회화편

왕초보
인도네시아어 **끝장**
도전

인도네시아어

저자 **윤주영**

Hi English

끝장 인도네시아 비즈니스 기초 회화편

지은이 | 윤주영
책임편집자 | 안선호
편집자 | 김용석, 장인용
디자이너 | 서용석, 엽란경
펴낸 곳 | HiIndonesian
펴낸 날 | 2019년 10월 7일 초판 1쇄 발행
전 화 | (02) 335 1002
팩 스 | (02) 6499 0219
주 소 | 서울 마포구 홍익로5안길 8
이메일 | broadcast1@hienglish.com
등록번호 | 제2005-000040호

ISBN 979-11-85342-46-7(13730)
Copyright © 2019 HiIndonesian
정가 15,800원

No Unauthorized Photocopying
All rights reserved. No part of this publication may be reproduced, stored in a retrieval system, or transmitted in any form or by any means, electronic, mechanical, photocopying, recording, or otherwise, without the prior permission of the publisher.

머리말

    2016년 6월 HiEnglish의 '끝장 중국어 1, 2, 3, 4권'을 시작으로 '끝장 베트남어', '끝장 일본어' 다음으로 나온 HiEnglish 끝장 외국어 시리즈입니다. HiEnglish는 대한민국 직장인들이 현지 외국어 능력을 가장 빠르고 효율적으로 익혀서, 외국 기업들과의 다양한 글로벌 경쟁 속에서 성공적으로 사업을 수행하시는 데 모퉁이 돌로 쓰임 받고자, 전 세계 주요 비즈니스 외국어 교재를 출판하고 있습니다.

    HiEnglish 끝장 인도네시아어는 2002년부터 기업 외국어 교육의 전문성을 쌓은 HiEnglish의 외국어 교육 노하우를 바탕으로, 철저하게 직장인들의 인도네시아어 수요에 맞춰서 처음부터 기초 인도네시아어를 비즈니스 내용으로 배워서 바쁜 직장인들의 시간과 노력을 어학 능력 향상으로 이어지게 설계되었습니다.

    특히, HiEnglish 끝장 인도네시아어는 선생님이 직장인 학습자를 가장 효과적으로 가르칠 수 있도록 다양한 교수법이 적용되었습니다. 또한, 강사와 학습자 사이에 가장 좋은 교육 성과를 내기 위해서 강의 전달과 학습 효과에 중심을 두고 만든 인도네시아어 교재입니다.

    HiEnglish 끝장 인도네시아어는 최고의 외국어 교육 효율성을 위하여 HiEnglish가 자체 개발한 온오프 블랜디드 러닝인 PIQSA 러닝을 적용하여 만든 교재입니다. PIQSA 러닝은 Pre-study(사전 학습), In-house Learning(본 학습), Quiz(퀴즈), Speaking practice(말하기 연습), After-study(사후 학습)를 의미합니다. 업무로 바쁘고 학습에 시간을 내기 힘든 직장인들이 출근길에 오디오 해설 강의를 들으며 사전 학습하고, 본 수업인 출강, 전화외국어, 온라인 동영상 강의에서 강사님과 표현 연습을 집중적으로 합니다. 점심 이후 학습한 표현을 퀴즈를 통해 점검하고, 퇴근길에 그날 배운 표현을 듣고 따라 하기로 무한 반복하여 습득합니다. 마지막으로, 잠자리에 들기 전에 그날 배운 주요 표현을 보면서 다시 한 번 확인하는 온종일 외국어를 학습할 수 있는 생태계를 구축합니다.

    이를 위해 본서는 오디오 해설 강의, MP3, Quiz, 주요 표현을 무료로 온라인으로 제공하여 언제나 외국어 학습을 손쉽게 할 수 있는 환경을 제공합니다. 아울러 별도의 학습이 필요한 분들은 유료로 인터넷 강의를 수강하실 수 있습니다. 이 모든 콘텐츠는 www.pocketcampus.co.kr을 방문하시면 이용하실 수 있습니다.

    마지막으로 이 책이 있기까지 도움을 주신 HiEnglish 출판팀 식구들과 외부 전문가들 그리고 늘 현장에서 강의하시는 HiEnglish 강사님들께 진심으로 감사의 마음을 전합니다. 이 책이 한국과 인도네시아 사이의 민간 교류에 작은 다리 역할을 했으면 좋겠습니다.

2019년 가을
윤주영

머리말 3
차례 4
학습 내용 6
이 책의 구성과 특징 8

UNIT 00　**인도네시아어 문자와 발음** 10

UNIT 01　**인사_** Halo, apa kabar? 18

UNIT 02　**가족_** Kenalkan, ini orang tua saya. 26

UNIT 03　**직장_** Kerja di mana? 34

UNIT 04　**성격_** Bagaimana sifat dia? 42

UNIT 05　**날씨_** Bagaimana cuaca di Indonesia? 50

UNIT 06　**전화_** Halo, bisa saya bicara dengan Canti? 58

UNIT 07　**출장_** Berapa lama Anda akan inap di Jakarta? 66

UNIT 08　**공항_** Halo, saya mau memesan tiket pesawat ke Bali. 74

UNIT 09　**호텔_** Saya ingin memesan kamar. 82

UNIT 10　**약속_** Kapan Anda mau bertemu? 90

UNIT 11   **길찾기**_ Arah ke mana? 98

UNIT 12   **회의**_ Inilah data untuk produk baru kami. 106

UNIT13   **협상**_Beri tambah diskon 5persen untuk perusahaan kami. 114

UNIT 14   **여행**_ Saya ingin berwisata ke Indonesia. 122

UNIT 15   **쇼핑**_ Berapa harga untuk 1 kemja batik? 130

UNIT 16   **식당**_ Anda mau pesan apa? 138

UNIT 17   **병원**_ Anda sakit di mana? 146

UNIT 18   **은행**_ Halo, saya ingin menukar uang. 154

UNIT 19   **축하**_ Selamat atas promosi Anda. 162

UNIT 20   **명절**_ Selamat tahun baru! 170

해석 및 참고 답안 178

학습 내용

Unit	단원 제목	학습 목표	주요 표현	주요 어법
01 인사	Halo, apa kabar?	① 처음 만날 때 ② 안부를 물을 때	• Halo, apa kabar? • Bagaimana kabar Anda? • Kabar saya baik.	① Apa kabar? ② 인칭대명사 ③ adalah
02 가족	Kenalkan, ini orang tua saya.	① 소개할 때 ② 가족에 관해 물을 때	• Kenalkan, ini orang tua saya. • Halo, apa kabar? Saya senang bertemu dengan kalian. • Apa pekerjaan kakak laki-laki Anda?	① 시제 표현 조동사 ② 지시대명사, 지시형용사 ini, itu ③ suka ~를 좋아하다, 맘에 들다
03 직장	Kerja di mana?	① 직업을 묻고 답할 때 ② 도움을 제공할 때	• Rossa, Anda bekerja di mana akhir-akhir ini? • Saya bekerja di perusahaan pakaian. • Apa yang bisa saya bantu?	① 기수 ② 서수 ③ 수량사
04 성격	Bagaimana sifat dia?	① 성격을 물을 때 ② 이상형을 물을 때	• Bagaimana sifat dia? • Dia orang yang tulus dan terpercaya. • Canti, apa tipe ideal Anda?	① 핵심 전치사 dari, di, ke ② 핵심 전치사 kepada, pada, untuk ③ 핵심 전치사 depan, antara, belakang
05 날씨	Bagaimana cuaca di Indonesia?	① 날씨를 묻고 대답할 때 ② 좋아하는 계절을 말할 때	• Bagaimana cuaca di Indonesia? • Cuaca Indonesia selalu panas. • Saya paling suka musim panas.	① 의문문 만드는 법 ② 의문사 apa, siapa, mana ③ 의문사 Kapan, Bagaimana, Kenapa / Mengapa
06 전화	Halo, bisa saya bicara dengan Canti?	① 전화를 걸고 답할 때 ② 전화를 잘못 걸었을 때	• Halo, bisa saya bicara dengan Canti? • Ya, tunggu sebentar. • Anda salah sambung.	① Bias / Boleh ~할 수 있나요? ② 부정부사 bukan ③ 부정부사 belum, tidak
07 출장	Berapa lama Anda akan inap di Jakarta?	① 체류 일정을 묻고 답할 때 ② 계약을 체결할 때	• Berapa lama Anda akan inap di Jakarta? • Selama tiga hari dua malam. • Kami ingin menandatangani kontrak dengan perusahaan Anda.	① jam 시간 ② hari 요일 ③ tanggal 날짜
08 공항	Halo, saya mau memesan tiket pesawat ke Bali.	① 비행기 표를 예약할 때 ② 수화물을 검사할 때	• Halo, saya mau memesan tiket pesawat ke Bali. • Apakah ada barang yang bahaya di dalam bagasi? • Tidak ada. Cuma ada baju dan kopi.	① –nya의 활용 ② sisi / sebelah~ ~쪽, ~옆 ③ 형용사 최상급 비교
09 호텔	Saya ingin memesan kamar.	① 호텔 룸을 예약할 때 ② 서비스를 요청할 때	• Saya ingin memesan kamar. • Ya, masih ada kamar di hotel kami. • Ini kamar nomor 306. Saya mau menggunakan layanan pencucian.	① 형용사 동급 비교 ② 형용사 비교급 비교 ③ 의문대명사 berapa
10 약속	Kapan Anda mau bertemu?	① 약속을 제안할 때 ② 약속을 변경할 때	• Kapan Anda mau kemari? • Bagaimana minggu depan hari senin pagi? • Apakah saya boleh mengubah waktu janji kami?	① Minggu와 minggu ② oleh karena ~때문에, 왜냐하면 ③ sangat, sekali 매우

Unit	단원 제목	학습 목표	주요 표현	주요 어법
11 길찾기	Arah ke mana?	① 길 묻고 대답할 때 ② 건물의 위치를 물을 때	• Tolong kasih tahu saya jalan ke Monas. • Berjalan lurus di jalan ini kemudian belok kiri di perempatan. • Apakah ada toko Hp di dekat sini?	① 방향, 위치 표시 ② ter-의 활용 ③ makan waktu 시간이 걸리다
12 회의	Inilah data untuk produk baru kami.	① 제품을 소개할 때 ② 상품 주문 수량을 물을 때	• Inilah data untuk produk baru perusahaan kami. • Berapa kuantitas minimum untuk sekali pesanan? • Anda bisa pesan minimum 10buah untuk setiap pesanan.	① 접두사 me- ② 권유, 허용의 표현 silakan ③ -lah를 활용한 명령문
13 협상	Beri tambah diskon 5persen untuk perusahaan kami.	① 제품 가격을 흥정할 때 ② 제품 가격을 제시할 때	• Beri tambah diskon 5persen untuk perusahaan kami. • Kalau kami dapat tambah diskon 5persen, akan pesan lebih dari 500buah. • Kalau 5persen tidak bisa. Bagaimana tambah 2persen?	① 부사 terlalu ② 형용사 ③ 부사 agak, lumayan, sama sekali, tidak begitu
14 여행	Saya ingin berwisata ke Indonesia.	① 관광지를 추천할 때 ② 여행 일정을 물을 때	• Saya ingin pergi ke pantai atau gunung. • Kalau begitu saya rekomendasi Bali. • Kapan Anda mau pergi?	① 접두사 ber- ② 교통수단 alat transportasi ③ kurang lebih 대략
15 쇼핑	Berapa harga untuk 1 kemja batik?	① 가격을 물을 때 ② 흥정할 때	• Berapa harga untuk 1 kemeja batik? • Wah, terlalu mahal! Berilah saya diskon sedikit. • Okelah. Kalau begitu saya kasih 2ribu rupiah diskon.	① 금액 표현 ② sesudah / sebelum ~한 후에 / ~하기 전에 ③ mau / ingin ~하기를 원하다
16 식당	Anda mau pesan apa?	① 음식을 주문할 때 ② 경험을 물을 때	• Anda mau pesan apa? • Satu porsi nasi goreng dan satu gelas es teh manis. • Apa Anda sudah pernah makan mie goreng?	① baik ~ maupun … ~뿐만 아니라 …도 역시 ② 접미사 -an ③ kecuali ~을 제외하고, 예외의
17 병원	Anda sakit di mana?	① 상태를 묻고 병 증상을 말할 때 ② 약 복용법을 물을 때	• Anda sakit di mana? • Perut saya sakit sekali. • Bagaimana cara minum obat ini?	① tubuh 신체 ② penyakit dan gejala 질병과 증상 ③ yaitu 다시 말해
18 은행	Halo, saya ingin menukar uang.	① 환전할 때 ② 이자율을 물을 때	• Uang apa yang Anda ingin menukarkan? • Saya ingin tukar uang Korea dengan uang Indonesia. • Berapa tarif bunga per tahun?	① 접미사 -kan ② pe-와 pe~an의 활용 ③ saja
19 축하	Selamat atas promosi Anda.	① 승진을 축하할 때 ② 결혼을 축하할 때	• Selamat atas promosi Anda. • Terima kasih. • Selamat menempuh hidup baru.	① 3인칭 수동형 ② 관계사 yang ③ 접미사 -i의 활용
20 명절	Selamat tahun baru!	① 명절을 묻고 답할 때 ② 새해 인사할 때	• Hari ini adalah hari idul fitri kan? • Bukan. Hari ini hari kemerdekaan Indonesia. • Selamat tahun baru!	① salah satu ~중 하나 ② walaupun 비록 ~일지라도 ③ semoga / harap ~하기를 바란다

이 책의 구성과 특징

인도네시아어 문자와 발음
인도네시아어의 기초 상식과 문자와 발음을 익혀 인도네시아어에 대한 이해를 높입니다.

주요 표현 및 단어 끝장내기
각 과의 주요 표현을 제시된 사진과 함께 미리 살펴보고, 회화에서 배울 새 단어를 학습합니다.

Check 1
간단한 단어 문제를 풀어봅니다.

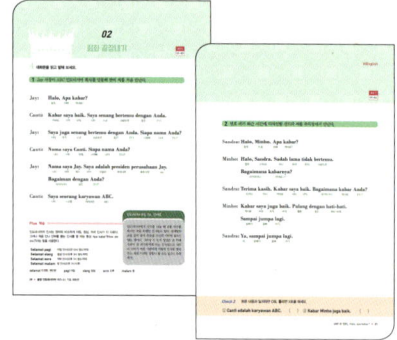

회화 끝장내기
다양한 상황을 통해 인도네시아 현지에서 바로 쓸 수 있는 생활 회화를 학습합니다.

Plus 학습
각 과의 회의 내용 이외에 관련된 단어나 표현을 추가로 학습할 수 있습니다.

인도네시아 현장 Tip
인도네시아어와 관련된 지식과 인도네시아와 관련된 현지 소식을 알아봅니다.

Check 2
회화 내용과 관련된 퀴즈를 풀어봅니다.

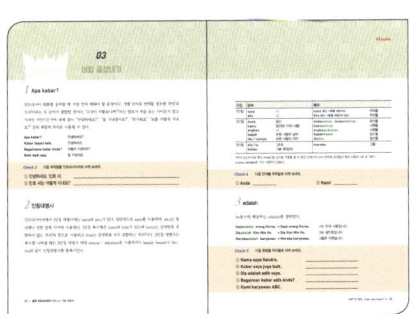

어법 끝장내기

회화 본문에 제시한 주요 어법을 자세한 설명과 예문을 통해 학습합니다.

Check 3~5
학습한 어법에 관해 문제를 풀면서 내용을 다시 확인해 봅니다.

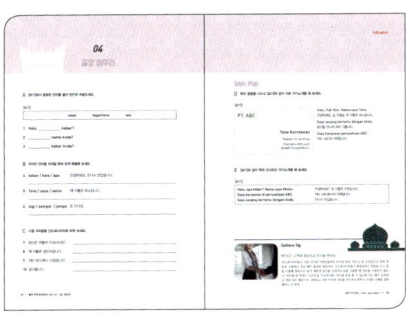

끝장 마무리 연습

10개의 다양한 문항을 통해 단원에서 익힌 회화와 어법을 스스로 평가하는 시간을 갖습니다.

Role-Play
Role-play 문항을 통해 자유로운 역할 활동을 합니다.

Culture Tip

인도네시아의 음식, 교통, 주택 등 다양한 현지 문화를 소개함으로써 인도네시아에 대한 이해도를 높이고자 하였습니다. 인도네시아에 가지 않아도, 글을 읽음으로써 생생한 인도네시아 상황을 느낄 수 있습니다.

일러 두기
1. 발음은 인도네시아어 표준 발음을 표기하였습니다.
2. MP3에는 발음, 주요 표현, 단어, 대화문이 녹음되어 있고, 녹음된 단원마다 고유 번호를 부여하였습니다.
3. 이 책의 본문에 나오는 회화 내용의 배경은 인도네시아입니다.

UNIT 00 인도네시아어 문자와 발음

A 인도네시아어의 특징

1 인도네시아어는 인도네시아의 표준어이며 공통어이다.

인도네시아는 17500여의 섬으로 된 동남아시아에 있는 나라로, 제2차 세계대전 전 네덜란드령(領) 동(東)인도였으며, 1945년 8월 17일 독립을 선언하였다. 1949년 네덜란드와의 협의로 네덜란드·인도네시아 연합이 성립되었으나 1956년 완전한 독립국이 되었다.

인도네시아어(bahasa Indonesia)는 인도네시아의 표준어이며 공통어이다. 원래 인도네시아어는 믈라카 해협 주변에서 사용되던 교역 목적의 말레이어를 표준화한 언어였다. 1928년 청년의 맹세(Sumpah Pemuda)라는 선언을 통해 국가 공통어로 인정되었고 나라 전 지역에서 모든 사람이 공통어는 기본이며 각자의 종족 또는 그 지역의 방언까지 구사한다.

인도네시아어는 알파벳을 문자로 사용한다.

인도네시아어는 말레이시아어와 마찬가지로 라틴 문자를 사용한다. 기본적으로 로마자 알파벳을 사용하기에 영어를 알고 있다면 새 문자를 배울 필요가 없다. 발음도 중국어나 베트남어와 달리 성조가 존재하지 않으며 알파벳 그대로 발음되기 때문에 까다롭지 않다.

 인도네시아어 문장 구조는 한국어와 달리 동사 뒤에 목적어가 위치한다.

언어	인도네시아어	한국어
표현	주어+동사+목적어	주어+목적어+동사
예문	Saya(나는) suka(좋아한다) dia(그,그녀).	나는 그녀를 좋아한다.
	Dia(그,그녀) membeli(사다) buku(책).	그[그녀]는 책을 삽니다.

 인도네시아어는 소유격을 만들 때 명사(물건, 사람) 뒤에 인칭대명사 또는 명사(소유자)를 붙인다.

언어	인도네시아어	한국어
표현	물건, 사람+소유자	소유자+물건, 사람
예문	buku(책) saya(나의)	나의 책
	adik(동생) saya(나의)	나의 동생

인도네시아어 문자와 발음

 인도네시아어는 시제가 없는 것이 특징이다.

인도네시아어는 시제가 없는 대신 시점을 나타내는 시간 부사나 조동사를 사용한다. 문장이나 단어 앞에 시제를 표현해 주는 부사나 조동사를 사용함으로써 시점을 나타낸다.

기본형	시제 표현 부사
Saya minum jus apel. 나는 사과 주스를 마신다.	Tadi, saya minum jus apel. 아까 나는 사과 주스를 마셨다.

시제 표현 조동사	과거	Saya suda makan siang.	나는 점심을 먹었다.
	현재진행	Saya sedang pergi.	나는 가고 있는 중이다.
	미래	Dia akan sampai.	그는 도착할 것이다.

 인도네시아어는 시제, 성, 수, 격에 따른 굴절 현상(Inflections)이 없다.

영어	인도네시아어
Mr. Kim works now. (동사의 수 변화: 3인칭 단수 현재형은 -s나 -es를 붙인다.)	Pak Kim bekerja sekarang. 김 선생님은 지금 일을 한다. (동사의 수 변화 없다.)

 인도네시아어는 어근에 오는 접사에 따라 의미와 기능이 변한다.

예를 들면, 접두사 ber-는 어근의 앞에 붙어 자동사 또는 타동사를 만든다. 기본적으로는 어근의 의미가 가진 '동작을 행하다', 또는 어근을 '소유하다'의 의미를 가진다.

Ex) ber- + sepeda(자전거) = bersepeda(자전거를 타다, 자전거를 소유하다)

B 인도네시아어 문자와 발음

인도네시아어는 영어와 같이 알파벳으로 표기한다. 로마자 알파벳을 빌어서 표현하기 때문에 26개의 자음과 모음이 있다. 그러나 그 중에서 자음 Q, V, X, Z는 잘 사용되지 않는다. 왜냐하면 예를 들어, 자음 Q의 음가 [k]는 자음 K로 표기하기 때문이다. 따라서 인도네시아어 표준 문법에서는 기본적으로 24개의 자음, 6개의 모음 및 3개의 이중모음으로 구분하고 있다.

1 인도네시아어 문자

Aa	Bb	Cc	Dd	Ee	Ff	Gg
아	베	쩨	데	에	에프	게
Hh	Ii	Jj	Kk	Ll	Mm	Nn
하	이	제	까	엘	엠	엔
Oo	Pp	Qq	Rr	Ss	Tt	Uu
오	뻬	끼	에르	에쓰	떼	우
Vv	Ww	Xx	Yy	Zz		
풰	웨	엑쓰	예	젯		

인도네시아어 문자와 발음

 인도네시아어 발음

(1) 모음

인도네시아어의 알파벳 발음 규칙에서 이중자를 제외하면 유일한 모음 예외인 'e'는 단어에 따라 '/ə/'와 '/e/'의 두 가지로 발음된다. 나머지 기본 모음은 4개이므로(a, i, o, u) 인도네시아어의 기본 모음은 총 6개이다.

a [아]	ada 아다	anak 아낙	ayam 아얌	ayah 아야
	있다	아이	닭	아버지
e [에], [으(어)]	enak 에낙	sore 소레	besar 브싸르	pergi 쁘르기
	맛있다	오후	크다	가다
i [이]	Indah 인다	istri 이스뜨리	pindah 삔다	piring 삐링
	아름다운	아내	이사하다	접시
o [오]	orang 오랑	otak 오딱	sopir 쏘삐르	kosong 꼬쏭
	사람	두뇌	운전기사	비어 있는
u [우]	hujan 후잔	kuda 꾸다	duduk 두둑	puncak 뿐짝
	비	말	앉다	정상

(2) 이중모음

이중모음은 'ai', 'au', 'oi'로 3개가 있다. 이중모음은 그대로 읽는 것이 원칙이나, 때로 이중모음 'ai'와 'au'를 '/ɛi/'(한글로 쓰면 '애이'에 가깝다)와 '/ɔ/'(단순한 '/o/'보다 개구도가 높다)로 발음하는 경우가 있다.

ai [아이]	bagaimana 바가이마나	pandai 빤다이	abai 아바이	sampai 삼빠이
	어떻게	영리한, 똑똑한	게으른	~까지
au [아우]	pulau 뿔라우	audio 아우디오	kalau 깔라우	saudara 사우다라
	섬	청취 도구	만약	형제
oi [오이]	sepoi-sepoi 스뽀이 스뽀이	amboi 암보이		
	(바람이) 상쾌한	아하, 오호		

(3) 반모음

반모음 'y'와 'w'는 혼자서 쓰일 수 없고, 다른 모음과 합쳐져야만 쓰일 수 있는 발음이다. 반모음은 자음에 분류되는 경우도 많다. 반모음 'y'와 'a'가 합치면 '/야/'라고 발음한다. 반모음 'w'와 'a'가 합치면 '/와/'라고 발음한다. 반모음 'y'나 'w'는 'i'가 합치면 모두 '/위/'라고 발음한다.

y [예]	yakin 야낀	ayah 아야	masyarakat 마샤라깟	bayi 바이
	확실한	아버지	사회	신생아
w [웨]	wakil 와낄	warna 와르나	warung 와룽	wilayah 윌라야
	대리, 부	색깔	노점, 가게	지역

인도네시아어 문자와 발음

(4) 자음

b [베]	buku 부꾸 책	baca 바짜 읽다	buat 부앗 만들다	bodoh 보도 어리석은
c [쩨]	coklat 쪼끌랏 초콜릿	cari 짜리 찾다	cantik 짠띡 예쁜	cuci 쭈지 ~에
d [데]	dokter 독떠르 의사	daging 다깅 살, 고기	desa 데싸 마을	di 디 ~에
f [에프]	foto 포또 사진	faedah 파에다 유용한	film 필름 영화	fakultas 파꿀따쓰 단과 대학
g [게]	gigi 기기 이, 이빨	tiga 띠가 3	garam 가람 소금	guling 굴링 죽부인
h [하]	hujan 후잔 비	hati 하띠 마음, 간	sudah 수다 이미 ~한	sehingga 스힝가 그래서
j [제]	jalan 잘란 길	jauh 자우 멀다	majalah 무잘라 잡지	jarak 자락 간격
k [까]	kuda 꾸다 말	koran 꼬란 신문	tukar 뚜까르 바꾸다	kopi 꼬삐 커피
l [엘]	lihat 리핫 보다	lampu 람뿌 등	kapal 까빨 배, 선박	selalu 슬랄루 항상
m [엠]	mobil 모빌 자동차	motor 모또르 오토바이	minggu 밍구 주	ambil 암빌 잡다
n [엔]	nomor 노모르 번호	nama 나마 이름	nilai 닐라이 점수	nasehat 나세핫 충고
p [뻬]	pagi 빠기 아침	pulang 뿔랑 돌아가다	pinggir 삥기르 가장자리	putri 뿌뜨리 딸, 공주

r [에르]	rambutan 람부딴	rokok 로꼭	rasa 라사	rendah 른다
	람부탄 과일	담배	감각, 느낌	낮은
s [에쓰]	sore 소레	siang 씨앙	salah 살라	sekolah 스꼴라
	오후	점심	틀린	학교
t [떼]	toko 또꼬	tangan 땅안	tetap 뜨땁	tolong 똘롱
	가게	손	고정된	돕다
v [붸]	vakansi 바깐씨	violin 비올린	visa 비자	valid 발리드
	휴가	바이올린	비자	유효한
w [웨]	wanita 와니따	warung 와룽	wakil 와낄	walaupun 왈라우푼
	여자	가게	대리인	비록 ~일지라도
y [예]	yakin 야낀	kaya 까야	ya 야	yaitu 야이뚜
	확실한	부자의	네	즉
z [젣]	zaman 자만	izin 이진	zabah 자바	zaim 자임
	연대	허가	죽이다	지도자

(5) 이중자음

kh [크흐]	khas 카쓰	khusus 쿠쑤쓰	akhir 악히르
	독특한, 특별한	특수한, 특별한	감각, 느낌
ng [응]	ngantuk 응안뚝	ngomong 응오몽	ngambek 응암벡
	졸리다	말하다	토라지다
ny [느이]	nyonya 뇨냐	nyanyi 냐니	nyamuk 냐묵
	부인	노래부르다	모기

UNIT 01

인사_
Halo, apa kabar?

★ 이번 과에서 배울 주요 표현을 살펴보세요.

 처음 만날 때

Halo, apa kabar?
할로 아빠 까바르?
안녕하세요.

 안부를 물을 때

Bagaimana kabar Anda?
바가이마나 까바르 안다?
어떻게 지내세요?

Kabar saya baik.
까바르 사야 바익.
저는 잘 지냅니다.

01 단어 끝장내기

apa 아빠	무엇, 어떤 것	**kabar** 까바르	뉴스, 소식
baik 바익	좋은	**karyawan** 까리아완	직원
saya 사야	나, 저	**juga** 주가	역시, 같은
Anda 안다	당신	**sudah** 수다	이미, 지난
senang 스낭	기쁜, 즐거운	**lama** 라마	긴, 오랜기간
bertemu 브르뜨무	만나다, 대면하다	**pulang** 뿔랑	돌아가다, 귀가하다
nama 나마	이름	**sampai** 삼빠이	~까지, 도착하다
siapa 시아빠	누구	**jumpa** 줌빠	~와 만나다, 만나다
presiden 쁘레시덴	대통령, 대표	**hati-hati** 하띠-하띠	조심하는
perusahaan 쁘루사한	사업, 기업	**bagaimana** 바가이마나	어떻게, 어떠한

Check 1 다음 우리말에 맞는 인도네시아어 낱말을 쓰세요.

① 소식 _____   ② 좋은 _____
③ 나 _____   ④ 당신 _____
⑤ 돌아가다 _____

02 회화 끝장내기

A 대화문을 읽고 말해 보세요.

1 Jay 사장이 ABC 인도네시아 회사를 방문해 짠띠 씨를 처음 만난다.

Jay: **Halo, Apa kabar?**
할로, 아빠 까바르?

Canti: **Kabar saya baik. Saya senang bertemu dengan Anda.**
까바르 사야 바익. 사야 스낭 브르뜨무 등안 안다.

Jay: **Saya juga senang bertemu dengan Anda. Siapa nama Anda?**
사야 주가 스낭 브르뜨무 등안 안다. 시아빠 나마 안다?

Canti: **Nama saya Canti. Siapa nama Anda?**
나마 사야 짠띠. 시아빠 나마 안다?

Jay: **Nama saya Jay. Saya adalah presiden perusahaan Jay.**
나마 사야 제이. 사야 아달라 쁘레시덴 쁘루사한 Jay.

Bagaiman dengan Anda?
바가이마나 등안 안다?

Canti: **Saya seorang karyawan ABC.**
사야 스오랑 까리아완 ABC.

Plus 학습

인도네시아어 인사는 영어와 비슷하게 아침, 점심, 저녁 인사가 다 다르다. 그러나 처음 만나 안부를 묻는 인사를 할 때는 통상 Apa kabar?(How are you?)라는 말을 사용한다.

- **Selamat pagi** 아침 인사(오전 10시 정도까지)
- **Selamat siang** 점심 인사(오후 3시 정도까지)
- **Selamat sore** 저녁 인사(오후 7시 정도까지)
- **Selemat malam** 밤 인사(오후 7시 이후)

selamat 안전한, 편안한　　**pagi** 아침　　**siang** 점심　　**sore** 오후　　**malam** 밤

인도네시아 현장 Tip_ 인사법

인도네시아에서 인사를 나눌 때 보통 악수를 하지만 조금 특별한 인사법도 있다. 상대방의 손을 끌어 당겨 손등을 자신의 이마에 살포시 대는 것이다. 그러나 이 인사 방법은 손 아래 사람이 손 위사람에게 하는 인사법으로 나보다 나이가 어린 사람에게 이렇게 인사를 했다가는 자칫 어색한 상황이 될 수도 있으니 주의하자!

HiEnglish

2 민호 씨가 퇴근 시간에 디자인팀 산드라 씨를 주차장에서 만난다.

Sandra: **Halo, Minho. Apa kabar?**
할로   민호.   아빠   까바르?

Minho: **Halo, Sandra. Sudah lama tidak bertemu.**
할로   산드라.   수다   라마   띠닥   브르뜨무.

Bagaimana kabarnya?
바가이마나   까바르냐?

Sandra: **Terima kasih. Kabar saya baik. Bagaimana kabar Anda?**
뜨리마   까시.   까바르   사야   바익.   바가이마나   까바르   안다?

Minho: **Kabar saya juga baik. Pulang dengan hati-hati.**
까바르   사야   주가   바익.   뿔랑   등안   하띠-하띠.

Sampai jumpa lagi.
삼빠이   줌빠   라기.

Sandra: **Ya, sampai jumpa lagi.**
야.   삼빠이   줌빠   라기.

Check 2 본문 내용과 일치하면 O표, 틀리면 X표를 하세요.

① **Canti adalah karyawan ABC.**   (   )   ② **Kabar Minho juga baik.**   (   )

03 어법 끝장내기

1 Apa kabar?

인도네시아 회화를 공부할 때 가장 먼저 배워야 할 문장이다. 개별 단어로 번역할 경우엔 '무엇'과 '소식'이라는 두 단어가 결합한 것이다. "소식이 어떻습니까?"라는 말로서 처음 보는 사이든지 알고 지내던 지인이든지에 관계 없이 "안녕하세요?", "잘 지내셨어요?", "반가워요", "요즘 어떻게 지내요?" 등의 복합적 의미로 사용될 수 있다.

Apa kabar?	안녕하세요?
Kabar (saya) baik.	안녕하세요.
Bagaimana kabar Anda?	어떻게 지냈어요?
Baik-baik saja.	잘 지냈어요.

Check 3 다음 우리말을 인도네시아어로 바꿔 보세요.

① 안녕하세요, 민호 씨. _____
② 민호 씨는 어떻게 지내요? _____

2 인칭대명사

인도네시아어에서 1인칭 대명사에는 saya와 aku가 있다. 일반적으로 saya를 사용하며, aku는 동년배나 친한 관계 사이에 사용된다. 1인칭 복수형은 kami와 kita가 있는데 kami는 상대방을 포함하지 않는 '우리'의 뜻으로 사용되고 kita는 상대방을 모두 포함하는 '우리'이다. 2인칭 대명사는 복수를 나타낼 때는 2인칭 대명사 뒤에 semua / sekalian을 사용하거나 bapak-bapak나 ibu-ibu와 같이 인칭대명사를 중복시킨다.

인칭	단수		복수	
1인칭	saya aku	나 나	kami (듣는 사람을 포함하는) kita (듣는 사람을 포함하지 않는)	우리들 우리들
2인칭	Anda kamu engkau bapak ibu / nyonya	당신 당신(손 아래 사람) 너 손윗 사람의 남자 손윗 사람의 여자	Anda semua, Anda sekalian kamu semua engkau sekalian bapak-bapak ibu-ibu	당신들 너희들 너희들 당신들 당신들
3인칭	dia / ia beliau	그(녀) 그분 (존칭어)	mereka	그들

(주의) 당신이라는 뜻의 Anda라는 단어는 작문을 할 때 문장 안에서의 단어 위치와 관계없이 항상 대문자 A로 표기한다.
engkau sekalian은 거의 사용하지 않는다.

Check 4   다음 단어를 우리말로 바꿔 보세요.

① **Anda** _____   ② **Kami** _____

3 adalah

be동사에 해당하는 adalah를 생략한다.

Saya adalah orang Korea. = Saya orang Korea.   나는 한국 사람입니다.
Dia adalah Kim Min Ho.   = Dia Kim Min Ho.   그는 김민호입니다.
Mereka adalah karyawan. = Mereka karyawan.   그들은 직원입니다.

Check 5   다음 문장을 우리말로 바꿔 보세요.

① **Nama saya Sandra.** _____
② **Kabar saya juga baik.** _____
③ **Dia adalah adik saya.** _____
④ **Bagaiman kabar adik Anda?** _____
⑤ **Kami karyawan ABC.** _____

04
끝장 마무리

A [보기]에서 알맞은 단어를 골라 빈칸에 써넣으세요.

[보기]
| siapa | bagaimana | apa |

1 Halo, _____ kabar?
2 _____ nama Anda?
3 _____ kabar Anda?

B 주어진 단어를 우리말 뜻에 맞게 배열해 보세요.

4 kabar / halo / apa   안녕하세요, 만나서 반갑습니다.
_____

5 Tono / saya / nama   제 이름은 또노입니다.
_____

6 lagi / sampai / jumpa   또 만나요.
_____

C 다음 우리말을 인도네시아어로 바꿔 보세요.

7 당신은 어떻게 지내시나요?   _____
8 제 이름은 김민수입니다.   _____
9 저는 BCC회사 사장입니다.   _____
10 감사합니다.   _____

Role-Play

D 짝과 명함을 나누고 [보기]와 같이 서로 자기소개를 해 보세요.

[보기]

PT. ABC

Tono Kurniawan
Kepala tim promosi
[Tel] 0878-9978-6475
[email] Hienglish@com

Halo, Pak Kim. Nama saya Tono.
안녕하세요, 김 선생님. 제 이름은 또노입니다.

Saya senang bertemu dengan Anda.
당신을 만나게 되어 기쁩니다.

Saya karyawan perusahaan ABC.
저는 ABC의 직원입니다.

E [보기]와 같이 짝과 인사하고 자기소개를 해 보세요.

[보기]

Halo, apa kabar? Nama saya Minho. **Saya karyawan di perusahaan ABC.** **Saya senang bertemu dengan Anda.**	안녕하세요? 제 이름은 민호입니다. 저는 ABC회사의 직원입니다. 만나서 반갑습니다.

Culture Tip

비즈니스 고객과 왼손으로 악수를 하다니…

인도네시아인들은 처음 만나면 서양인들처럼 악수를 한다. 악수는 꼭 오른손으로 하며 왼손을 사용하는 것은 매우 불손한 행동이다. 인도네시아인들은 화장실에서 뒷일을 보고 물을 이용해 왼손으로 닦기 때문에 물건을 건네거나 돈을 지불할 때 왼손을 사용하지 않는다. 악수를 한 후에는 오른손을 가슴에 대는 경우를 종종 볼 수 있는데 이는 매우 공손하고 예의 바른 행동이다. 귀엽다고 어린 아이의 머리를 만지거나 함부로 여성의 신체를 접촉해서도 안 된다.

UNIT 02

가족_
Kenalkan, ini orang tua saya.

★ 이번 과에서 배울 주요 표현을 살펴보세요.

1 소개할 때

Kenalkan, ini orang tua saya.
끄날깐. 이니 오랑 뚜아 사야.
소개해 드릴게요. 이 분은 제 부모님이세요.

Halo, apa kabar? Saya senang bertemu dengan kalian.
할로, 아빠 까바르? 사야 스낭 브르뜨무 등안 깔리안.
안녕하세요? 만나서 반갑습니다.

2 가족에 관해 물을 때

Apa pekerjaan kakak laki-laki Anda?
아빠 쁘꺼르자안 까깍 라끼-라끼 안다?
당신 친오빠는 직업이 뭐예요?

01 단어 끝장내기

rumah 루마	집	**sekali** 스깔리	매우, 한 번
bagus 바구스	좋은, 멋진	**keluarga** 끌루아르가	가족
memperkenalkan 음뻐르꺼날깐	소개하다, 인사시키다	**terlihat** 뜨르리핫	보이다, 보여지다
orang tua 오랑 뚜아	부모님	**sangat** 상앗	매우, 대단히
dan 단	그리고, 또	**bahagia** 바하기아	행복한
istri 이스뜨리	부인	**orang** 오랑	사람
putra 뿌뜨라	아들, 왕자	**saudara** 사우다라	형제
putri 뿌뜨리	딸, 공주	**pekerjaan** 쁘꺼르자안	일, 직업
anak 아낙	자식, 어린이	**pekerja** 쁘꺼르자	일꾼, 일하는 사람
lucu 루쭈	귀여운, 웃기는	**pelajar** 쁠라자르	학생

Check 1 다음 우리말에 맞는 인도네시아어 낱말을 쓰세요.

① 부모님 _____   ② 아들 _____
③ 학생 _____   ④ 가족 _____
⑤ 집 _____   ⑥ 형제 _____

02 회화 끝장내기

A 대화문을 읽고 말해 보세요.

1 민호 씨가 직장 동료인 또노 씨의 초대로 그의 집을 방문한다.

Minho: **Wah, rumah Anda bagus! Ini kado kecil untuk keluarga Anda.**
와, 루마 안다 바구스! 이니 까도 끄찔 운뚝 끌루아르가 안다.

Tono: **Terima kasih. Kenalkan, ini orang tua saya.**
뜨리마 까시. 끄날깐, 이니 오랑 뚜아 사야.

Minho: **Halo, apa kabar? Saya senang bertemu dengan Anda.**
할로, 아빠 까바르? 사야 스낭 브르뜨무 등안 안다.

Tono: **Dan ini istri, putra dan putri saya.**
단 이니 이스뜨리, 뿌뜨라 단 뿌뜨리 사야.

Minho: **Halo, apa kabar? Kedua anak Anda lucu sekali.**
할로, 아빠 까바르? 끄두아 아낙 안다 루쭈 스깔리.

Tono: **Mereka adalah murid sekolah dasar. Mereka suka belajar.**
므레까 아달라 무릿 스꼴라 다사르. 므레까 수까 블라자르.

인도네시아 현장 Tip_ 금기 식품과 허용 식품

인도네시아는 국민의 대부분이 이슬람이며 돼지고기를 먹지 않는다는 것은 이미 널리 알려졌다. 정도의 차이는 있지만 이슬람식으로 도살하지 않은 육류도 금기하는 것이 일반적이다. 이렇게 금기하는 음식을 Makanan Haram, 허용하는 음식을 Makanan Halal이라고 하며 식품 포장지에 반드시 표기하고 있다. 이슬람교도에게 금기 식품을 권하거나 Halal(할랄)이 아닌 선물을 하는 실수를 하지 않도록 주의해야 한다.

Plus 학습

가족과 관련된 표현

· **Nama ayah saya Agus dan nama ibu saya Tuti.**
나의 아버지 이름은 아구스이고 어머니 이름은 뚜띠이다.

· **Saya punya satu anak laki-laki.**
저는 아들이 하나 있어요.

| kakek 할아버지 | nenek 할머니 | ayah 아버지 | ibu 어머니 | anak laki-laki 아들 |
| perempuan 딸 | kakak laki-laki 형, 오빠 | perempuan 언니, 누나 | adik laki-laki 남동생 | perempuan 여동생 |

HiEnglish

2 민호 씨가 직장 동료인 짠띠 씨의 가족 사진을 보고 대화한다.

Minho: **Keluarga Anda terlihat sangat bahagia.**
끌루아르가   안다   뜰리핫   상앗   바하기아.

Canti: **Terima kasih.**
뜨리마   까시.

Minho: **Siapa orang-orang ini?**
시아빠   오랑   오랑   이니?

Canti: **Mereka saudara saya.**
므레까   사우다라   사야.

Minho: **Apa pekerjaan kakak laki-laki Anda?**
아빠   쁘꺼르자안   까깍   라끼   라끼   안다?

Canti: **Kakak laki-laki saya pekerja kantoran dan adik perempuan**
까깍   라끼   라끼   사야   쁘꺼르자   깐또란   단   아딕   쁘름뿌안

saya pelajar.
사야   쁠라자르.

Check 2   본문 내용과 일치하면 O표, 일치하지 않으면 X표를 하세요.

① **Keluarga Canti terlihat bahagia.**   (   )
② **Pekerjaan adik perempuan Canti adalah pekerja kantoran.**   (   )

03 어법 끝장내기

1 시제 표현 조동사

인도네시아어는 시제에 따라 동사의 변화가 없기 때문에, 시제를 꼭 밝혀야 하는 상황에서는 조동사나 부사로 확실히 해준다. 조동사를 사용해 문장을 구성할 때는 「주어+조동사+동사」와 같이 주어와 동사 사이에 위치한다.

표현	기본형	과거형 Sudah	현재진행형 Sedang	미래형 Akan
의미		이미 ~ 한	~하는 중	~할 것이다
예문	Pergi 가다.	Sudah pergi 갔다.	Sedang pergi 가고 있다.	Akan pergi 갈 것이다.
	Makan 먹다.	Sudah Makan 이미 먹었다.	Sedang Makan 먹고 있다.	Akan Makan 먹을 것이다.

Check 3   다음 문장을 과거, 현재, 미래형으로 바꿔 보세요.

① **Orang tua saya makan nasi goreng.** (과거) _____
② **Putri dia pergi ke Jakarta.** (과거) _____
③ **Anak saya belajar di sekolah.** (현재) _____
④ **Saya pergi ke Korea.** (미래) _____
⑤ **Saya pulang.** (미래) _____

2 지시대명사, 지시형용사 ini, itu

지시대명사에는 ini와 itu가 있다. ini는 '이것', '이 사람'이라는 의미이며 itu는 '저것', '저 사람' 이라는 의미로 쓰인다. ini와 itu가 명사 뒤에 위치하여 지시형용사로도 쓰인다.

표현	지시대명사		지시형용사	
	Ini	itu	Ini	Itu
예문	Ini buku. 이것은 책이다.	Itu buku. 저것은 책이다.	Wanita ini cantik. 이 여인은 예쁘다.	Wanita itu cantik. 저 여인은 예쁘다.
	Murid ini orang Korea. 이 학생은 한국인이다.		Paspor ini punya saya. 이 여권은 제 것입니다.	Paspor itu punya saya. 저 여권은 제 것입니다.

Check 4 다음 문장을 지시문으로 바꿔 보세요.

① **Orang tua saya.** _____

② **Buku baru.** _____

3 suka ~를 좋아하다, 맘에 들다

「suka+명사」는 '~를 좋아하다'의 의미이며 「suka+동사」는 '~하는 것을 좋아하다'의 의미이다.

표현	suka+명사	suka+동사
의미	~를 좋아하다	~하는 것을 좋아하다
예문	Dia suka mobil ini. 그는 이 차를 좋아한다.	Saya suka masak. 나는 요리하는 것을 좋아한다.
	Bapak suka baju ini? 선생님은 이 옷이 좋습니까?	Anda suka minum jus? 당신은 주스 마시는 것을 좋아합니까?

Check 5 다음 문장을 우리말로 바꿔 보세요.

① **Adik perempuan saya suka saya.** _____

② **Ayah suka bekerja.** _____

04
끝장 마무리

A [보기]에서 알맞은 단어를 골라 빈칸에 써넣으세요.

[보기]

| sedang | adik | keluarga |

1 Saya punya _____ laki-laki.
2 _____ Agus telihat bahagia.
3 Ibu saya _____ masak.

B 주어진 단어를 우리말 뜻에 맞게 배열해 보세요.

4 Anda / bagus / rumah   당신의 집이 멋있어요.
_____

5 ini / saya / istri / anak / dan   이들은 나의 아내와 아이입니다.
_____

6 sedang / keluarga / mereka / makan   그들 가족은 식사 중 입니다.
_____

C 다음 우리말을 인도네시아어로 바꿔 보세요.

7 이 분은 제 부모님입니다.   _____
8 나의 여동생은 학생입니다.   _____
9 그들은 나의 형제입니다.   _____
10 그는 나를 좋아한다.   _____

Role-Play

D 자신의 핸드폰에 있는 가족 사진을 보여주고, [보기]처럼 짝에게 가족을 소개해 보세요.

[보기]

A: Ini foto siapa?
이것은 누구 사진이에요?

B: Ini foto keluarga saya.
이것은 나의 가족 사진이에요.
Orang ini istri, putra dan putri saya.
나의 아내, 아들 그리고 딸이에요.

E 다음 가계도를 보고 [보기]처럼 가족을 소개해 보세요.

[보기]

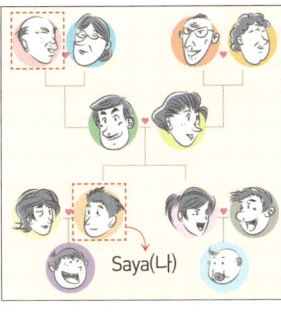

A: Siapa ini?
이 분은 누구예요?

B: Ini kakek sebelah ayah saya.
이분은 제 친할아버지입니다.

New Words

Kakek sebelah ayah 친할아버지
Kakek sebelah ibu 외할아버지
ayah 아버지
Istri 아내
istri adik laki-laki 남동생의 부인
Keponakan 조카

Nenek sebelah ayah 친할머니
Nenek sebelah ibu 외할머니
ibu 어머니
adik laki-laki 남동생
anak laki-laki 아들

Culture Tip

굴링(Guling)과 죽부인

우리나라에 죽부인이 있듯이 인도네시아에도 이와 비슷한 굴링(Guling)이라는 긴 베개가 있다. 인도네시아 모든 가정집, 그리고 간혹 호텔에도 침대 셋팅에 굴링(Guling)이 포함된다. 이것은 잠자리를 편하게 해준다. 영어로는 Dutch wife라고 하는데 네델란드 사람들이 독신으로 인도네시아에 와서 부인 대신 옆에 두고 잤기 때문에 이렇게 부른다는 이야기가 전해지고 있다.

UNIT 03

직장_
Kerja di mana?

★ 이번 과에서 배울 주요 표현을 살펴보세요.

1 직업을 묻고 답할 때

Rossa, Anda bekerja di mana akhir-akhir ini?
로사, 안다 브끄르자 디 마나 악히르 악히르 이니?
로사 씨, 요즘 어디에서 일을 해요?

Saya bekerja di perusahaan pakaian.
사야 브끄르자 디 쁘루사하안 빠까이안.
저는 의류 회사에서 일을 하고 있어요.

2 도움을 제공할 때

Apa yang bisa saya bantu?
아빠 양 비사 사야 반뚜?
무엇을 도와드릴까요?

01 단어 끝장내기

pakaian 빠까이안	옷, 의상	**selesai** 슬르사이	완료되다, 끝나다
akhir-akhir ini 악히르-악히르 이니	최근에	**membuat** 음부앗	만들다
selama 슬라마	~하는 동안	**laporan** 라뽀란	보고서, 기록
tahun 따훈	해, 년	**penjualan** 쁜주알란	판매, 거래
sebagai 스바가이	~로서, ~처럼	**bulan** 불란	개월, 달
kepala 끄빨라	머리, 대표, 실장	**mencari** 믄짜리	찾다, 찾아내다
desain 데사인	디자인, 무늬	**sekali** 스깔리	매우
begitu 브기뚜	그렇게	**harus** 하루스	당연히, ~해야 한다
jam 잠	시간, 시각, 시계	**bantu** 반뚜	돕다
sibuk 시북	바쁜	**lalu** 랄루	지나간, 지난

Check 1 다음 우리말에 맞는 인도네시아어 낱말을 쓰세요.

① 최근에 _____   ② 바쁜 _____
③ 보고서 _____   ④ 달, 개월 _____
⑤ 매우 _____   ⑥ 돕다 _____

02 회화 끝장내기

A 대화문을 읽고 말해 보세요.

1 민호 씨와 로사 씨가 오랜만에 만나서 서로 안부를 물어본다.

Rossa: **Halo Minho, sudah lama tidak bertemu.**
할로 민호, 수다 라마 띠닥 브르뜨무.

Minho: **Rossa, Anda bekerja di mana akhir-akhir ini?**
로사, 안다 브끄르자 디 마나 악히르 악히르 이니?

Rossa: **Saya bekerja di perusahaan pakaian.**
사야 브끄르자 디 쁘루사한 빠까이안.

Minho: **Sudah berapa lama Anda bekerja di sana?**
수다 브라빠 라마 안다 브끄르자 디 사나?

Rossa: **Saya sudah bekerja di sana selama dua tahun sebagai kepala**
사야 수다 브끄르자 디 사나 슬라마 두아 따훈 스바가이 끄빨라
desain.
디사인.

Minho: **Oh, begitu? Dari jam berapa Anda bekerja?**
오, 브기뚜? 다리 잠 브라빠 안다 브끄르자?

Rossa: **Biasanya saya bekerja dari jam 8 sampai jam 5.**
비아사냐 사야 브끄르자 다리 잠 들라빤 삼빠이 잠 리마.

Plus 학습

직업과 관련된 표현

· **Apa pekerjaan Anda?** 당신의 직업은 무엇인가요?
· **Saya polisi Jakarta.** 저는 자카르타 경찰입니다.

guru 교사
polisi 경찰
dokter 의사
pengacara 변호사
pelajar 학생
pegawai negeri 공무원
perawat 간호사
koki 요리사
penyani 가수
bintang film 배우
sopir 운전기사
ibu rumah tangga 가정 주부

인도네시아 현장 Tip_ 인기 직업 TOP 5

1. 군인 Tentara
2. 경찰 Polisi
3. 의사 Dokter
4. 은행원 Karyawan bank
5. 국가공무원 Pegawai negeri

HiEnglish

2 사무실에서 판매 보고서를 작성하던 민호 씨가 짠띠 씨에게 도움을 청한다.

Canti: **Selamat pagi. Anda terlihat sangat sibuk.**
슬라맛 빠기. 안다 뜰리핫 상앗 시북.

Minho: **Saya harus selesaikan membuat laporan penjualan bulan ini**
사야 하루스 슬르사이깐 믐부앗 라뽀란 쁜주알란 불란 이니

sampai jam sebelas pagi hari ini.
삼빠이 잠 스블라스 빠기 하리 이니.

Canti: **Dua jam lagi?**
두아 잠 라기?

Minho: **Iya benar. Apakah Anda sibuk?**
이야 브나르. 아빠까 안다 시북?

Canti: **Tidak. Saya tidak sibuk. Apa yang bisa saya bantu?**
띠닥. 사야 띠닥 시북. 아빠 양 비사 사야 반뚜?

Minho: **Iya, terima kasih. Bisakah Anda mencari laporan penjualan**
이야, 뜨리마 까시. 비사까 안다 믄짜리 라뽀란 쁜주알

bulan lalu? Laporan penjual ada di laci kedua.
불란 랄루? 라뽀란 쁜주알 아다 디 라찌 끄두아.

Laporan adalah 3 helai.
라뽀란 아달라 띠가 흘라이.

Canti: **Iya, saya akan mencari.**
이야. 사야 아깐 믄짜리.

Check 2 본문 내용과 일치하면 O표, 일치하지 않으면 X표를 하세요.

① **Minho bekerja di perusahaan pakaian sebagai kepala desain.** ( )
② **Canti sedang sibuk.** ( )

UNIT 03 직장_ Kerja di mana? ▪ 37

03 어법 끝장내기

1 기수

우선 기수 1~10까지 외워야 한다. 11~19까지는 1~9까지에 belas를 붙이면 된다. 10, 20, 30~90까지는 puluh를 붙이면 된다.

0	1	2	3	4
Kosong / Nol 꼬송 / 놀	Satu 사뚜	Dua 두아	Tiga 띠가	Empat 음빳
5	6	7	8	9
Lima 리마	Enam 은남	Tujuh 뚜주	Delapan 들라빤	Sembilan 슴빌란
10	11	12	13	14
Sepuluh 스뿔루	Sebelas 스블라스	Dua belas 두아 블라스	Tiga belas 띠가 블라스	Empat belas 음빳 블라스
15	20	50	70	90
Lima belas 리마 블라스	Dua puluh 두아 뿔루	Lima puluh 리마 뿔루	Tujuh puluh 뚜주 뿔루	Sembilan puluh 슴빌란 뿔루

Check 3 다음 숫자를 인도네시아어로 바꿔 보세요.

① 12 _____   ② 50 _____

2 서수

서수에서 첫째 pertama만 잘 외워두면 둘째, 셋째부터는 기수 앞에 ke-접사만 붙이면 되기에 비교적 쉽다.

첫째	둘째	셋째	넷째	다섯째
Pertama 쁘르따마	Kedua 끄두아	Ketiga 끄띠가	Keempat 끄음빳	Kelima 끄리마
여섯째	일곱째	여덟째	아홉째	열째
Keenam 끄은남	Ketujuh 끄뚜주	Kedelapan 끄들라빤	Kesembilan 끄슴빌란	Kesepuluh 끄스뿔루

Check 4   다음 문장을 우리말로 바꿔 보세요.

① **Saya anak ketiga.** _____
② **Ini laporan kedua.** _____

3 수량사

수량사란 사물을 세는 단위에 해당하는 말로써 흔히 사용되는 수량사는 다음과 같다.

orang(명) 오랑	ekor(마리) 에꼬르	Buah(개, 권, 대, 체) 부아	gelas / cangkir(잔) 글라스 / 짱끼르
3 orang pelajar 3명의 학생	2 ekor anjing 2마리의 개	1 buah kursi 1개의 의자	1 gelas kopi 1잔의 커피
Botol(병) 보똘	Helai(장) 흘라이	Butir(알) 부띠르	Belah(쌍) 블라
1 botol cola 1병의 콜라	1 helai kertas 1장의 종이	3 butir telur 3알의 달걀	Kedua belah tangan 양쪽 손

Check 5   다음 문장을 우리말로 바꿔 보세요.

① **Ada lima orang di tim penjual.** _____
② **Di laci ada satu helai laporan penjual.** _____

04
끝장 마무리

A [보기]에서 알맞은 단어를 골라 빈칸에 써넣으세요.

[보기]

| bekerja | selalu | bangun |

1 Ayah saya _____ di perusahaan pakaian.

2 Adik saya selalu _____ jam lima pagi.

3 Dia _____ belajar sampai malam.

B 주어진 단어를 우리말 뜻에 맞게 배열해 보세요.

4 bantu / bisakah / saya / Anda   저를 도와주실 수 있나요?
   _____

5 selalu / guru / adik perempuan / saya / baik   제 여동생의 선생님은 항상 친절합니다.
   _____

6 pakaian / bagus / cantik / Anda / dan   당신의 옷은 예쁘고 좋습니다.
   _____

C 다음 우리말을 인도네시아어로 바꿔 보세요.

7 저는 디자인 부서 직원입니다.   _____

8 나의 아버지는 경찰입니다.   _____

9 학생은 당연히 공부를 열심히 해야 합니다.   _____

10 우리 회사 직원은 10명입니다.   _____

HiEnglish

Role-Play

D 주어진 정보를 보고 [보기]와 같이 짝과 대화해 보세요.

[보기]

dua tahun

❶ empat tahun

❷ satu tahun

❸ lima tahun

A: Apa pekerjaan Anda?
  당신의 직업은 무엇인가요?
B: Saya Karyawan perusahaan pakaian.
  저는 의류 회사 직원입니다.
A: Sudah berapa lama Anda bekerja di sana?
  거기에서 얼마나 일했나요?
B: Baru dua tahun.
  이제 막 2년 됐어요.

E [보기]와 같이 짝과 함께 근무 시간을 묻고 대답해 보세요.

[보기]

a.m. 8~p.m. 5

A: Berapa jam Anda bekerja?
  당신은 몇 시간 일 하시나요?
B: Saya bekerja dari jam delapan pagi sampai lima sore.
  저는 오전 8시부터 오후 5시까지 일해요.

Culture Tip

교통체증으로부터 자카르타가 찾은 해결책!

여느 대도시와 다름없이 자카르타의 교통체증은 심한 편이다. 그래서 그동안 자카르타에서 출퇴근 시간엔 반드시 3명 이상이 탑승한 차량만이 시내 중심부로 진입할 수 있는 3 in 1 제도를 시행하였고 이를 위반할 때는 벌금을 부과했다. 그러나 2018년 8월 1일부터 자카르타 정부는 차량 홀짝제 즉 2부제를 새로 시작했다. 2부제는 이전 3 in 1 제도 때보다 원활한 차량 통행과 대기 오염 감소를 목적으로 하고 있으며 이 운행 방안은 정체를 최대 40% 감소, 대중 교통 수단의 정비, 번호판 불법 사용 방지 등을 개선하기 위함이었다. 오전 6시부터 오후 9시까지 일부 구간에서 차량등록 번호 끝자리가 홀수인 차량은 홀수 날에, 끝자리가 짝수인 차량은 짝수 날에만 운행을 할 수 있다. 이를 위반 할 시에는 벌금 50만 루피아(약 4만 3천원)를 부과한다. (2019년 기준)

UNIT 04

성격_
Bagaimana sifat dia?

★ 이번 과에서 배울 주요 표현을 살펴보세요.

1 성격을 물을 때

Bagaimana sifat dia?
바가이마나   씨팟   디아?
그의 성격은 어때요?

Dia orang yang tulus dan terpercaya.
디아 오랑 양 뚤루스 단 뜨르쁘르짜야.
그는 성실하고 신뢰가 가는 사람이에요.

2 이상형을 물을 때

Canti, apa tipe ideal Anda?
짠띠, 아빠 띠쁘 이디알 안다?
짠띠 씨, 당신의 이상형은 뭐예요?

01
단어 끝장내기

baru 바루	새로운	**tipe ideal** 띠쁘 이디알	이상형
berbicara 브르비짜라	말하다, 이야기히다	**tampan** 땀빤	잘생긴, 멋진
pikir 삐끼르	생각, 의견	**maskulin** 마스꿀린	남성적인
tulus 똘루스	성실히, 진실한	**apalagi** 아빠라기	특히, 더욱이
terpercaya 뜨르쁘르짜야	믿음직스러운	**kalau** 깔라우	만약~이면(할 때)
yang 양	~하는 것(사람)	**susah** 수사	어려운, 힘든
pendiam 쁜디암	과묵한 사람	**ketemu** 끄뜨무	만나다
punya 뿌냐	가지고 있다, 소유	**tunggu** 뚱구	기다리다
tidak 띠닥	~이 아닌, ~이 아니다	**wanita** 와니따	여성
kata 까따	말, 단어	**rajin** 라진	부지런한

Check 1   다음 우리말에 맞는 인도네시아어 낱말을 쓰세요.

① 이상형 _____   ② 어려운 _____
③ 여성 _____   ④ 잘생긴 _____
⑤ ~이 아니다 _____ ⑥ 특히 _____

02
회화 끝장내기

A 대화문을 읽고 말해 보세요.

1 민호 씨와 짠띠 씨가 회사에서 새로 온 직원에 대해 이야기를 나누고 있다.

Minho: **Apa Anda sudah bertemu dengan karyawan baru dari Bali?**
아빠 안다 수다 브르뜨무 등안 까리아완 바루 다리 발리?

Canti: **Ya, sudah. Saya juga berbicara dengan karyawan baru di**
야. 수다. 사야 주가 브르비짜라 등안 까리아완 바루 디
kantor.
깐또르.

Minho: **Oh, begitu. Bagaimana dia?**
오, 브기뚜. 바가이마나 디아?

Canti: **Saya pikir dia orang tulus dan terpercaya.**
사야 삐끼르 디아 오랑 뚤루스 단 뜨르뻐르짜야.

Minho: **Saya kira dia orang yang pendiam.**
사야 끼라 디아 오랑 양 쁜디암.

Canti: **Tidak. Dia punya banyak kata**
띠닥. 디아 뿌냐 바냑 까따.

Plus 학습

성격과 관련된 표현

Orang이라는 단어 뒤에 형용사가 붙으면 사람의 성격을 나타낸다.

· **Orang**(사람) + **sombong**(거만한)   도도하고 건방진 사람
· **Orang**(사람) + **malu**(부끄러운)   내성적인 사람

jujur 정직한
keterusterangan 솔직한
tidak baik 나쁜
egosi 이기적인
rendah hati 겸손한
ak sopan 무례한
bersimpati 동정하는
aktif 활동적인

인도네시아 현장 Tip_ 성격

인도네시아인들은 길거리에서 언성을 높여 싸우는 일이 거의 없다. 인도네시아인들은 성격이 부드럽고, 여유로운 편이다. 그들은 서로의 프라이버시를 존중하며 아무리 친하더라도 상대방에게 상처가 되는 말을 하지 않는 편이다. 인도네시아인들은 돌려 말하는 편이다. 단점이 있다면 너무 여유로운 탓에 '빨리빨리' 문화를 가지고 있는 우리나라 사람들에게는 그들의 일처리가 굉장히 답답하게 느껴질 수 있다.

2 민호 씨와 짠띠 씨가 쉬는 시간에 서로 이상형에 대해 이야기를 나누고 있다.

Minho: **Apa tipe ideal Anda?**
아빠 띠쁘 이디알 안다?

Canti: **Tampan dan maskulin. Apalagi dengan selera humor.**
땀빤 단 마스꿀린. 아빠라기 등안 슬레라 휴모르.

Minho: **Kalau begitu susah ketemu.**
깔라우 브기뚜 수사 끄뜨무.

Canti: **Saya akan tunggu. Bagaimana dengan Anda?**
사야 아깐 뚱구. 바가이마나 등안 안다?

Minho: **Saya suka wanita yang baik dan rajin.**
사야 수까 와니따 양 바익 단 라진.

Canti: **Bagaimana wanita yang di depan Anda?**
바가이마나 와니따 양 디 드빤 안다?

Minho: **Apa?**
아빠?

Canti: **Haha, saya bercanda. Saya akan kenalkan kepada Anda jika**
하하, 사야 브르짠다. 사야 아깐 끄날깐 끄빠다 안다 지까

ada wanita yang baik.
아다 와니따 양 바익.

Check 2 본문 내용과 일치하면 O표, 일치하지 않으면 X표를 하세요.

① **Minho tidak suka wanita yang baik.** (   )
② **Karyawan baru adalah pendiam.** (   )

03 어법 끝장내기

1 핵심 전치사 dari, di, ke

dari, di, ke는 장소를 나타내는 명사 앞에 쓰인다.

표현	dari	di	ke
의미	~로부터, ~에서	~에(서)	(이동 방향 포함) ~로, ~에
예문	Anda datang dari mana? 당신은 어디에서 오셨습니까?	Pak Kim tinggal di Korea. 김 선생님은 한국에 산다.	Saya pegi ke Malaysia. 나는 말레이시아로 간다.
	Agus pulang dari kerja. 아구스는 직장에서 퇴근했다.	Canti sedang belajar di perpustakaan. 짠띠는 지금 도서관에서 공부하고 있다.	Ibu pergi ke pasar. 어머니는 시장에 가셨다.

Check 3 다음 우리말을 인도네시아어로 바꿔 보세요.

① 저는 자카르타에서 왔습니다. _____
② 민호 씨는 의류 회사에서 일합니다. _____

2 핵심 전치사 kepada, pada, untuk

kepada는 사람을 나타내는 명사 앞에 쓰인다. pada는 시각이나 요일, 날짜 앞이나 사람 앞에 쓰인다. untuk(guna, bagi, demi, buat)은 어디에나 사용된다.

표현	kepada+사람	pada+시각, 요일, 날짜, 사람	untuk(guna, bagi, demi, buat)
의미	~에게	~에	~을 위하여
예문	Ayah mengirim uang kepada adik saya. 아버지는 내 동생에게 돈을 송금했다.	Saya makan siang pada jam satu. 나는 1시에 점심을 먹는다.	Saya masak untuk Anda. 나는 당신을 위해 요리한다.
	Guru memberi kertas kepada murid. 선생님은 학생에게 종이를 주었다.	Ibu saya pergi ke Jepang pada hari selasa. 내 어머니는 화요일에 일본에 가신다.	Kado ini untuk pacar. 이 선물은 애인을 위한 것이다.

Check 4 빈칸에 알맞은 전치사를 넣으세요.

① **Kami akan pergi _____ Bali.**
② **Dua orang datang _____ Malaysia dan satu orang datang _____ Indonesia.**

3 핵심 전치사 depan, antara, belakang

depan는 '~앞에', antara는 '~사이에', belakang는 '~뒤에' 뜻이 있다.

표현	depan	antara	belakang
의미	~앞에	~사이에	~뒤에
예문	Tono tinggal di depan rumah Minsoo. 또노는 민수 집 앞에 산다.	Yumi berdiri di antara Tono dan Minsoo. 유미는 또노와 민수 사이에 서 있다.	Tono tinggal di belakang rumah Minsoo. 또노는 민수 집 뒤에 산다.
	Guru berdiri di depan kelas. 선생님은 교실 앞에 서 계신다.	Saya makan antara siang dan sore. 나는 점심과 저녁 사이에 밥을 먹는다.	Pabrik sepatu ada di belakang sekolah. 신발 공장은 학교 뒤에 있다.

Check 5 다음 문장을 우리말로 바꿔 보세요.

① **Sekolah adik perempuan saya ada di depan rumah saya.**
_____

② **Kado ini untuk orang tua Tono.**
_____

04
끝장 마무리

A [보기]에서 알맞은 단어를 골라 빈칸에 써넣으세요.

[보기]

| tipe ideal | kepada | orang |

1 Apa _____ Anda?

2 Saya pikir dia _____ rajin dan baik.

3 Yuna mengirim kado _____ ayah dia.

B 주어진 단어를 우리말 뜻에 맞게 배열해 보세요.

4 wanita / suka / yang / saya / jujur   저는 정직한 여자를 좋아합니다.
_____

5 presiden / dengan / berbicara / baru / karyawan   사장님이 새 직원과 대화를 한다.
_____

6 pak Kim / di / duduk / Yuna / Tono / dan / antara   김 선생님은 유나와 또노 사이에 앉아있다.
_____

C 다음 우리말을 인도네시아어로 바꿔 보세요.

7 당신의 이상형이 어떻게 되시나요? _____

8 저는 무례한 사람을 싫어합니다. _____

9 이 주스는 달콤하네요. _____

10 우리 가족은 서울에 삽니다. _____

HiEnglish

Role-Play

D [보기]와 같이 자신의 성격과 취미를 소개해 보세요.

[보기]

Apa kabar semuanya?
Nama saya Sarah Lee.
Saya orang pendiam dam malu.
Hobi saya adalah baca buku.

모두 안녕하세요?
제 이름은 Sarah Lee입니다.
저는 조용하고 내성적입니다.
제 취미는 독서예요.

E [보기]와 같이 짝과 함께 다른 사람의 성격에 대해서 이야기해 보세요.

[보기]

A: Bagaimana sifat karyawan Anda?
    당신 직원의 성격은 어떤가요?

B: Dia seorang terbuka hati dan ramah sekali.
    그는 개방적이고 매우 친절해요.

New Words

aktif 활발한   diam 조용한
malu-malu 수줍어하는   terbuka 개방적인
ramah 친절한   berani 용감한

Culture Tip

CNN이 선정한 세계 1위 음식, 렌당!

CNN이 선정한 세계에서 가장 맛있는 음식 50위 중 1위를 차지한 적이 있는 렌당(Rendang)은 인도네시아 대표 음식 중 하나이다. 마치 한국의 갈비찜을 연상케 한다. 렌당은 인도네시아의 수마트라의 Minangkabau라는 부족이 소고기에 코코넛 밀크와 레몬그라스, 마늘, 고추, 향신료 등의 양념을 넣어 만든 스튜 형식의 고기찜이다. 결혼식이나 잔치 때 중요한 손님에게 대접하는 음식이다. 한국에서는 구하기 어려운 향신료가 많아 전문 식당을 찾아 맛보는 것을 추천한다. 과거에는 소고기만을 사용했지만, 요즘은 염소, 닭, 양고기도 많이 사용한다. 사용된 재료를 명확히 하기 위해 렌당 뒤에 사용된 고기나 부위 이름을 붙이기도 한다. 예를 들면 Rendang Sapi(여기서 Sapi는 소라는 뜻이다.) 렌당 1인분 가격은 밥과 함께 먹을 경우 12,000루피아(약 1,000원)이다. (2019년 기준)

UNIT 05

날씨_
Bagaimana cuaca di Indonesia?

★ 이번 과에서 배울 주요 표현을 살펴보세요.

1 날씨를 묻고 대답할 때

Bagaimana cuaca di Indonesia?
바가이마나　쭈아짜　디　인도네시아?
인도네시아 날씨가 어때요?

Cuaca Indonesia selalu panas.
쭈아짜　인도네시아　슬랄루　빠나스
인도네시아 날씨는 항상 더워요.

2 좋아하는 계절을 말할 때

Saya paling suka musim panas.
사야　빨링　수까　무심　빠나스
저는 여름을 제일 좋아해요.

01 단어 끝장내기

besok 베속	내일	**musim** 무심	계절
selama 슬라마	~하는 동안	**keluar** 끌루아르	밖으로 나가다, 외출하다
minggu 밍구	주	**lupa** 루빠	잊다
cuaca 쭈아짜	날씨	**payung** 빠융	우산
panas 빠나쓰	더운, 뜨거운	**hujan** 후잔	비
jika 지까	만약~라면	**cuma** 쭈마	오직
benar 브나르	옳은	**kapan-kapan** 까빤-까빤	언제든지, 아무 때나
tetapi 뜨따삐	그러나	**panjang** 빤장	긴
perlu 쁘를루	필요하다, ~해야 한다	**rekomendasi** 레꼬멘다시	추천
lengan 릉안	팔	**salju** 살주	눈

Check 1   다음 우리말에 맞는 인도네시아어 낱말을 쓰세요.

① 날씨 _____   ② 뜨거운 _____
③ 긴 _____   ④ 계절 _____
⑤ 비 _____   ⑥ ~하는 동안 _____

02 회화 끝장내기

A 대화문을 읽고 말해 보세요.

1 한국 BBC회사 두리 씨가 메신저로 인도네시아에 있는 짠띠 씨와 날씨 이야기를 하고 있다.

Duri: **Besok saya akan pergi ke Indonesia selama satu minggu.**
베속   사야 아깐   쁘르기 끄 인도네시아   슬라마   사뚜 밍구.

Apakah Indonesia panas?
아빠까   인도네시아   빠나쓰?

Canti: **Cuaca Indonesia selalu panas.**
쭈아짜   인도네시아   슬랄루   빠나스.

Duri: **Jika begitu saya harus membawa baju musim panas kan?**
지까   브기뚜   사야   하루스   음바와   바주   무심   빠나스   깐?

Canti: **Ya, benar. Tapi Anda perlu baju lengan panjang saat keluar.**
야,   브나르.   따삐   안다   쁘를루   바주   릉안   빤장   사앗   끌루아르.

Duri: **Terima kasih atas informasi.**
뜨리마   까시   아따스   인뽀르마시.

Canti: **Indonesia sering hujan. Jadi jangan lupa bawa payung atau**
인도네시아   스링   후잔.   자디   장안   루빠   바와   빠융   아따우

jas hujan.
자쓰   후잔.

Plus 학습

계절, 날씨와 관련된 표현

· **Bagaimana cuaca hari ini?** 오늘 날씨가 어때요?   · **Hari ini cuacanya bagus.** 오늘 날씨가 좋아요.
· **Hari ini cuacanya mendung.** 오늘 날씨가 흐려요.   · **Dari tadi hujan terus.** 아까부터 계속 비가 와요.

musim semi 봄	musim panas 여름	musim gugur 가을	musim dingin / salju 겨울
cera 화창한	hangat 따뜻한	kering 건조한	lembab 습한
hujan lebat 폭우	angin rebut 돌풍	guntur 천둥	banjir 홍수

2 민호 씨와 짠띠 씨가 좋아하는 계절에 대해 이야기한다.

Minho: **Musim apa yang Canti paling suka?**
무심 아빠 양 짠띠 빨링 수까?

Canti: **Saya paling suka musim panas dan juga Indonesia cuma ada**
사야 빨링 수까 무심 빠나스 단 주가 인도네시아 쭈마 아다
musim panas.
무심 빠나스.

Minho: **Kalau di Korea ada empat musim. Musim semi, panas, gugur**
깔라우 디 꼬레아 아다 음빳 무심. 무심 스미, 빠나스, 구구르
dan dingin.
단 딩인.

Canti: **Oh, begitu. Kapan-kapan saya mau pergi ke Korea.**
오, 브기뚜. 까빤 까빤 사야 마우 쁘르기 끄 꼬레아.

Minho: **Saya rekomendasi musim salju.**
사야 레꼬믄다시 무심 살주.

인도네시아 현장 Tip_ 날씨

적도에 위치하고 동남아시아에서 가장 큰 나라 인도네시아의 날씨는 365일 한국의 여름과 같다. 우리 나라의 사계절과 달리 항상 더운 날씨에 건기와 우기로 나누어진다. 인도네시아의 건기는 4월부터 9월이며 우기는 10월부터 3월이다. 건기는 평균 온도가 32도로 강렬한 햇볕이 뜨거우니 자외선 차단제는 필수이다. 인도네시아의 가장 더운 달은 9월에서 11월이며 야외 활동을 할 때 자외선 차단제뿐 아니라 선글라스와 충분한 수분 섭취는 기본이다.

Check 2 본문 내용과 일치하면 O표, 일치하지 않으면 X표를 하세요.

① **Cuaca Indonesia selalu panas.** ( )
② **Canti paling suka musim semi.** ( )

03 어법 끝장내기

1 의문문 만드는 법

의문문을 만들려면 문두에 Apa나 Apakah를 붙인다. 또는 문장의 끝에 -kah를 붙인다.
또는 대화체 문장에서는 문장의 끝을 올려주기만 해도 된다.

표현	문두에 Apa, Apakah ~?	문미에 – kah?	평서문의 문장 끝 올리기
예문	Apa Yono orang Korea? 요노 씨는 한국 사람입니까?	Sunho orang Indonesiakah? 선호는 인도네시아 사람입니까?	Sudah makan? 밥 먹었습니까?
	Apakah dia mahasiswa? 그는 대학생입니까?	Sudah makankah? 식사했습니까?	Suka dia? 그를 좋아합니까?

Check 3 다음 문장을 의문문으로 바꿔 보세요.

① Yono suka musim panas. _____
② Pekerjaan dia polisi. _____

2 의문사 apa, siapa, mana

apa는 '무슨', '무엇'의 의미를 가지며 문장의 앞이나 뒤에 위치한다. siapa는 '누구'의 의미를 가지며 문장에서의 격에 따라 형태가 변화하지 않는다. mana는 전치사 di, ke, dari 등과 결합하여 장소를 묻는 의문사가 된다.

표현	apa	siapa	mana
의미	무슨, 무엇	누구	어디에서, 어디로
예문	Itu apa?=Apa itu? 그것은 무엇입니까?	Siapa dia? 저 사람은 누구입니까?	Anda bekerja di mana? 당신은 어디에서 일합니까?
	Ini apa?=Apa ini? 이것은 무엇입니까?	Anda suka siapa? 당신은 누구를 좋아합니까?	Dia ke mana? 그는 어디로 갑니까?

Check 4   빈칸에 알맞은 의문사를 채우세요.

① _____ yang datang dari Cina?
② Keluarga Anda pergi _____?
③ _____ Anda suka hari mendung?

3 의문사 Kapan, Bagaimana, Kenapa / Mengapa

Kapan은 '언제', Bagaimana는 '어떻게', Kenapa / Mengapa는 '왜'의 의미가 있다.

표현	Kapan	Bagaimana	Kenapa / Mengapa
의미	언제	어떻게	왜
예문	Kapan dia belajar Bahasa Indonesia? 그는 언제 인도네시아어를 배웠습니까?	Bagaimana kabar ayah Anda? 당신 아버님은 어떻게 지내십니까?	Kenapa Anda suka musim panas? 당신은 왜 여름을 좋아합니까?
	Kapan sampai di Jakarta? 언제 자카르타에 도착합니까?	Bagaimana musim gugur di Korea? 한국의 가을은 어떻습니까?	Mengapa pacar Anda menangis? 당신의 애인은 왜 울고 있습니까?

Check 5   다음 문장을 우리말로 바꿔 보세요.

① **Bagaimana kalau saya belajar bahasa Indonesia dengan Anda?**
_____

② **Kenapa dia pergi ke singapura selama satu minggu?**
_____

04 끝장 마무리

A [보기]에서 알맞은 단어를 골라 빈칸에 써넣으세요.

[보기]

| musim | payung | dingin |

1 Korea ada musim semi, panas, gugur dan _____.

2 Saya perlu _____ saat hujan.

3 Yono suka _____ panas.

B 주어진 단어를 우리말 뜻에 맞게 배열해 보세요.

4 Indonesia / di / dua / ada / cuma / musim   인도네시아에는 두 계절밖에 없습니다.
_____

5 cuaca / panas / sering / Jakarta / dan / hujan   자카르타 날씨는 덥고 비가 자주 온다.
_____

6 mau / kapan-kapan / saya / ke / pergi / Bali   나는 언젠가 발리에 가보고 싶다.
_____

C 다음 문장을 우리말로 바꿔 보세요.

7 Kami harus pakai baju lengan pendek saat cuaca panas.
_____

8 Di Korea ada musim semi, panas, gugur dan salju.
_____

9 Mengapa Anda belum pulang?   _____

10 Apakah adik Anda suka musim gugur?   _____

Role-Play

D [보기]와 같이 짝과 함께 좋아하는 계절에 관해 이야기해 보세요.

[보기]

A: Musim yang mana Anda paling suka?
당신은 어떤 계절을 가장 좋아하나요?

B: Saya suka musim panas. Ketika musim panas kita bisa makan semangka dan berenang.
저는 여름을 좋아해요. 여름엔 수박을 먹을 수 있고 수영을 할 수 있어요.

E [보기]와 같이 짝과 함께 각 도시의 날씨에 관해 이야기해 보세요.

[보기]

A: Bagaimana cuaca di Bali?
발리의 날씨는 어때요?

B: Cuaca Bali panas selama satu tahun.
발리는 1년 내내 더워요.

Culture Tip

열대 과일의 천국, 인도네시아 ~

적도의 나라 인도네시아는 열대 과일의 천국이라고 불린다. 그중 두리안은 과일의 왕이라 불린다. 고약한 냄새가 나기 때문에 처음 접해보는 사람들에겐 거부감이 들 수도 있지만 맛과 풍미는 환상적이다. 바닐라 아이스크림보다 찐한 맛이 나고 특유의 달콤한 맛이 난다. 먹고 난 후에는 입에 향이 계속해서 남아있다. 두리안의 두리(duri)란 '가시'라는 뜻으로 껍질의 뽀족한 가시가 마치 고슴도치를 연상케 한다. 가시 때문에 이 과일을 먹을 때는 망치를 사용해 깨뜨려 먹어야 하며 함부로 만졌다간 다칠 위험이 있다. 인도네시아에서 두리안만큼 생김새나 맛과 향이 독특한 '살락'이라는 과일이 있다. 일명 '스네이크 푸룻'이라고 불리는 이 과일은 껍질이 마치 뱀 비늘 모양이기 때문에 이런 별명이 생겼다. 겉모습 때문에 다소 꺼려할 수도 있으나 마치 마늘처럼 생긴 속살은 새콤 달콤하며 특유의 향이 중독성을 유발시킨다.

UNIT 06

전화_
Halo, bisa saya bicara dengan Canti?

★ 이번 과에서 배울 주요 표현을 살펴보세요.

MP3 06-01

1 전화를 걸고 답할 때

Halo, bisa saya bicara dengan Canti?
할로. 비사 사야 비짜라 등안 짠띠?
여보세요. 짠띠 씨를 바꿔 주시겠어요?

Ya, tunggu sebentar.
야. 뚱구 스븐따르.
네, 잠시만 기다려 주세요.

2 전화를 잘못 걸었을 때

Anda salah sambung.
안다 살라 삼봉.
당신은 전화를 잘못 걸었어요.

01 단어 끝장내기

bicara 비짜라 — 이야기하다

dengan 등안 — ~와 함께

tunggu 뚱구 — 기다리다

sebentar 스븐따르 — 잠시, 잠깐

telepon 뗄레뽄 — 전화, 통화

tim penjual 띰 쁜주알 — 영업팀

datang 다땅 — 오다

dinas luar 디나스 루아르 — 출장, 외근

salah 살라 — 잘못된, 틀린

sambung 삼붕 — 연결

minta 민따 — 요구하다

minta maaf 민따 마압 — 죄송합니다

boleh 볼레 — 가능한, 허용되는

nomor 노모르 — 수, 번호

tim desain 띰 데사인 — 디자인 팀

perusahaan 쁘루사한 — 회사, 사업

bisa 비사 — ~할 수 있는

iya 이야 — 예, 네

tidak 띠닥 — ~이 아니다

minggu depan 밍구 드빤 — 다음 주

Check 1 다음 우리말에 맞는 인도네시아어 낱말을 쓰세요.

① 요구하다 _____ ② 다음 주 _____
③ 오다 _____ ④ 통화 _____
⑤ 출장 _____ ⑥ 잠시, 잠깐 _____

UNIT 06 전화_ Halo, bisa saya bicara dengan Canti? = 59

02
회화 끝장내기

A 대화문을 읽고 말해 보세요.

 한국 BBC회사 영업 팀의 두리 씨가 출장 문제로 짠띠 씨에게 국제 전화를 한다.

Duri: **Halo, bisa saya bicara dengan Canti?**
할로, 비사 사야 비짜라 등안 짠띠?

Yono: **Ya, tunggu sebentar. Canti ini telepon Anda.**
야, 뚱구 스븐따르. 짠띠 이니 뗄레뽄 안다.

Canti: **Halo, ini Canti. Siapa ini?**
할로, 이니 짠띠. 시아빠 이니?

Duri: **Ini Duri dari tim penjual di perusahaan BBC Korea.**
이니 두리 다리 띰 쁜주알 디 쁘루사한 베베쩨 꼬레아.

Canti: **Oh ya, apa kabar Duri. Anda akan datang ke Indonesia untuk**
오 야, 아빠 까바르 두리. 안다 아깐 다땅 끄 인도네시아 운뚝

dinas luar minggu ini kan?
디나스 루아르 밍구 이니 깐?

Duri: **Bukan minggu ini. minggu depan saya akan pergi ke**
부깐 밍구 이니. 밍구 드빤 사야 아깐 쁘르기 끄

Indonesia.
인도네시아.

Plus 학습

전화와 관련된 표현

· **Bisa saya bicara dengan Agus di tim promosi?**
홍보 팀 아구스 씨와 통화할 수 있을까요?
· **Pak Agus sedang di dalam rapat.** 아구스 씨는 회의 중입니다.
· **Dia tidak ada di tempat.** 그는 지금 자리에 없어요.
· **Tolong sampaikan kepada Yono.** 요노 씨에게 전달해 주세요.
· **Saya akan telepon kembali.** 제가 다시 전화 걸게요.

nomor telepon 전화번호   nomor daerah 지역번호
telepon umu 공중전화   pesan teks 문자
telepon pintar 스마트폰

인도네시아 현장 Tip_ 전화방 WARTEL

인도네시아의 공중 전화는 설치는 되어 있으나 작동이 되지 않는 곳이 많다. 그 때문에 전화 방 일명 와르텔(Wartel)이라는 곳이 생겨났는데 이 곳은 전화기 한 대가 있는 작은 방 여러 개로 구성되어 있다. 쉽게 생각해 PC방과 비슷하다고 생각하면 된다. 가게에 들어가 비어 있는 방에 들어가 통화를 하면 되고 전화 요금이 사용하는 만큼 보이기 때문에 부담 없이 통화를 할 수 있다. 이 와르텔은 인도네시아 전역 어디든 있으며, 국제 전화도 가능하기에 여행객들에게도 인기가 많다.

2 산드라 씨에게 전화가 잘못 걸려 온다.

Duri: **Halo, bisa saya bicara dengan Canti di tim penjual?**
할로. 비사 사야 비짜라 등안 짠띠 디 띰 쁜주알?

Sandra: **Anda salah sambung. Ini bukan tim penjual. Ini tim desain.**
안다 살라 삼붕. 이니 부깐 띰 쁜주알. 이니 띰 디사인.

Duri: **Oh, minta maaf. Boleh saya minta nomor tim penjual?**
오. 민따 마압. 볼레 사야 민따 노모르 띰 쁜주알?

Sandra: **0878-9989-3456. Ini nomornya.**
0878-9989-3456. 이니 노모르냐.

Duri: **Terima kasih banyak.**
뜨리마 까시 바냑.

Check 2   본문 내용과 일치하면 O표, 일치하지 않으면 X표를 하세요.

① **Duri akan pergi ke Indonesia untuk dinas luar.**   (   )
② **Sandra kerja di tim penjual.**   (   )

03 어법 끝장내기

1 Bisa / Boleh ~할 수 있나요?

Bisa와 Boleh는 무언가를 요청하거나 허락받을 때 사용되며 영어의 may와 can과 비슷하다.

Bisa / Boleh saya bicara dengan Canti? 짠띠 씨와 얘기 할 수 있을까요?
Bisa / Boleh saya minta nomor telepon? 전화 번호를 알려 주시겠어요?
Bisa / Boleh kami masuk kamar itu? 저희가 저 방에 들어가도 될까요?

Check 3   다음 문장을 우리말로 바꿔 보세요.

① **Boleh saya pulang ke rumah?** _____
② **Apa bisa bertemu dengan saya?** _____

2 부정부사 bukan

부정부사 bukan은 '~이 아니다'의 의미를 가지고 있으며, 명사를 부정한다.

Kami karyawan di perusahaan BBC. 우리는 BBC회사의 직원이다.
Kami **bukan** karyawan di perusahaan BBC. 우리는 BBC회사의 직원이 아니다.

Pekerjaan mereka dokter. 그들의 직업은 의사이다.
Pekerjaan mereka **bukan** dokter. 그들의 직업은 의사가 아니다.

Check 4   다음 문장을 부정문으로 바꿔 보세요.

① **Pak Agus adalah kepala tim penjual.** _____
② **Ini buku saya.** _____

3 부정부사 belum, tidak

belum과 tidak은 동사나 형용사를 부정하는 부정부사이지만 의미의 차이가 있다. belum은 '(아직) ~하지 않았다'의 의미로 영어의 'not ~yet'의 의미와 비슷하다. tidak은 과거, 현재, 미래 모든 시점에서 동일하게 부정하는 '아니요'의 의미이다.

표현	sudah	belum	tidak
의미	이미 ~한	아직 ~하지 않은	~ 하지 않는

Saya **sudah** sarapan. 나는 아침을 먹었습니다.
Saya **belum** sarapan. 나는 아직 아침을 안 먹었습니다.

Saya **belum** menikah. 저는 아직 결혼을 안 했습니다. (미혼)
Saya **tidak** menikah. 저는 결혼을 안 합니다. (독신주의)

Check 5   다음 문장을 부정문으로 바꿔 보세요.

① **Saya dan istri saya sudah punya anak.**
_____

② **Pak Jinyoung sudah datang dari Korea.**
_____

04 끝장 마무리

A [보기]에서 알맞은 단어를 골라 빈칸에 써넣으세요.

[보기]

| tidak | kan | bicara |

1 Bisa saya _____ dengan Pak Yono?
2 Cuaca di Jakarta _____ bagus .
3 Anda akan datang ke Indonesia _____?

B 주어진 단어를 우리말 뜻에 맞게 배열해 보세요.

4 akan / saya / telepon / Pak Tono / kepada   저는 또노 씨에게 전화 할 것입니다.

5 minggu / saya / akan / ke / pergi / Bali / depan   나는 다음 주에 발리에 갑니다.

6 tidak / kalian / boleh / merokok   너희들은 담배를 피우면 안 된다.

C 다음 문장을 우리말로 바꿔 보세요.

7 Saya belum pernah makan mie goreng.
8 Mereka bukan mahasiawa universitas ini.
9 Saya belum berbicara dengan kepala tim kami.
10 Kapan Anda akan telepon kepada orang tua?

Role-Play

D [보기]와 같이 짝의 전화번호를 묻고 대답해 보세요.

[보기]

A: Apa nomor telepon Anda?
당신의 전화번호가 무엇이에요?

B: Nomor telepon saya 0877-9894-5959.
제 전화번호는 0877-9894-5959입니다.

E 사진을 보고, [보기]와 같이 대화를 통해 짝이 할 수 있는 것과 없는 것을 알아 보세요.

[보기]

A: Apakah Anda bisa bicara Bahasa Indonesia?
B: Ya, bisa. / Tidak bisa.

당신은 인도네시아어를 할 수 있습니까?
네, 할 수 있어요. / 아니요, 못 해요.

Culture Tip

인도네시아 길거리 음식 베스트 3!

인도네시아의 길거리 대표 음식인 나시고랭(Nasi goring)은 우리나라의 볶음밥과 비슷하지만 중독성 있는 소스의 맛 때문에 전 세계 볶음밥 중 최고라고 할 수 있다. 시오마이(Siomay)는 어묵을 만두처럼 만들어서 쪄낸 음식인데 안에는 새우가 들어 있어 중국의 딤섬과 비슷하다. 매운 칠리 소스나 특제 땅콩 소스를 곁들여 먹으면 금상첨화이다. 박소(Bakso)는 어묵탕과 비슷한 느낌이다. 동글동글하게 빚은 박소와 얇은 소면 그리고 맑은 국물을 함께 먹으면 밥을 추가해서 말아먹고 싶은 욕구가 생겨날 것이다.

UNIT 07

출장_
Berapa lama Anda akan inap di Jakarta?

★ 이번 과에서 배울 주요 표현을 살펴보세요.

MP3 07-01

1 체류 일정을 묻고 답할 때

Berapa lama Anda akan inap di Jakarta?
브라빠 라마 안다 아깐 이납 디 자카르타?
당신은 자카르타에서 얼마 동안 머무르십니까?

Selama tiga hari dua malam.
슬라마 띠가 하리 두아 말람.
2박 3일 동안이요.

2 계약을 체결할 때

Kami ingin menandatangani kontrak
까미 잉인 므난다땅아니 꼰뜨락
dengan perusahaan Anda.
둥안 쁘루사한 안다.
우리는 당신 회사와 계약을 체결하고 싶습니다.

01 단어 끝장내기

jadwal
자드왈
일정, 일정표

perjalanan
쁘르잘라난
여정, 여행

bisnis
비스니스
비즈니스

tiba
띠바
도착하다

bandara
반다라
공항

tanggal
땅갈
일, 날짜

maret
마릇
3월

jemput
즘쁫
마중하다

lama
라마
기간이 긴

inap
이납
투숙하다

selama
슬라마
~하는 동안

kunjung
꾼중
방문하다

jumpa
줌빠
~와 만나다

pemandangan
쁘만당안
풍경

sangat
상앗
매우, 대단히

pujian
뿌지안
칭찬

ingin
잉인
바라다, 원하다

menandatangani
므난다땅아니
서명하다

kontrak
꼰뜨락
계약

atas
아따쓰
위, ~와 관련하여

Check 1   다음 우리말에 맞는 인도네시아어 낱말을 쓰세요.

① 계약 _____   ② 날짜 _____
③ 마중하다 _____   ④ 방문하다 _____
⑤ 공항 _____   ⑥ 여정, 여행 _____

02 회화 끝장내기

A 대화문을 읽고 말해 보세요.

1 자카르타에서 짠띠 씨가 한국에 있는 두리 씨에게 전화해서 그의 출장에 관련해 물어본다.

Canti: **Bagaimana jadwal perjalanan bisnis Anda?**
바가이마나 자드왈 쁘르잘라난 비스니스 안다?

Duri: **Saya akan tiba di bandara Soekarno-Hatta Jakarta tanggal**
사야 아깐 띠바 디 반다라 수까르노-하따 자카르타 땅갈

sebelas maret hari kamis.
스블라스 마릇 하리 까미쓰.

Canti: **Ya, karyawan kami akan jemput Anda pada jam 2.**
야, 까리아완 까미 아깐 즘뿟 안다 빠다 잠 두아.

Nama dia Tono. Berapa lama Anda akan inap di Jakarta?
나마 디아 또노. 브라빠 라마 안다 아깐 이납 디 자카르타?

Duri: **Terima kasih. Saya akan inap selama tiga hari dua malam.**
뜨리마 까시. 사야 아깐 이납 슬라마 띠가 하리 두아 말람.

Tanggal duabelas saya akan mengunjungi perusahaan Anda.
땅갈 두아블라스 사야 아깐 믕운중이 쁘루사한 안다.

Canti: **Ya, sampai jumpa di Jakarta.**
야, 삼빠이 줌빠 디 자카르타.

Duri: **Ya, sampai jumpa lagi.**
야, 삼빠이 줌빠 라기.

인도네시아 현장 Tip_ 방문 비자

인도네시아 정부는 2014년 6월 이후로 한국인 방문객들에게 별도의 비자를 발급받지 않고 무비자로 인도네시아에 입국하는 것을 허용했다. 하지만 단순 관광 목적인 방문객에 한해서 무비자가 허용되며 최대 30일까지 체류할 수 있다. 30일 이후로는 연장할 수 없다. 30일 이내 체류 일정이라면 공항에 도착해서 출입국 심사를 바로 통과하면 되지만 30일을 초과해 머물고 싶다면 공항에 도착해서 도착비자(Visa On Arrival)를 받아야 한다. 도착비자를 구매하면 30일을 초과해 한국으로 돌아오는 날짜까지 체류할 수 있다.

Plus 학습

출장과 관련된 표현

· **Saya sering pergi ke Amerika untuk bisnis.**
나는 자주 미국으로 출장을 갑니다.

· **Saya pergi perjalanan bisnis selama satu minggu.**
나는 1주일 동안 출장을 갑니다.

· **Karyawan kami akan antar Anda ke bandara.**
저희 직원이 공항으로 모셔다 드릴 겁니다.

Korea selatan 남한	Korea utara 북한	Jepang 일본	Cina 중국
Amerika serikat 미국	Kanada 캐나다	Prancis 프랑스	Singapur 싱가폴

2 두리 씨가 출장으로 자카르타에 도착해, 또노 씨의 마중을 받는다.

Tono: **Apakah ini pertama kali datang di Jakarta?**
아빠까 이니 쁘르따마 깔리 다땅 디 자카르타?

Duri: **Kalau untuk bisnis saya sudah pernah kunjung Bali, tapi ini**
깔라우 운뚝 비스니스 사야 수다 쁘르나 꾼중 발리, 따삐 이니

pertama kali di Jakarta.
쁘르따마 깔리 디 자카르타.

Tono: **Apa Anda suka Jakarta?**
아빠 안다 수까 자카르타?

Duri: **Saya pikir pemandangan Jakarta sangat indah dan cuaca**
사야 삐끼르 쁘만당안 자카르타 상앗 인다 단 쭈아짜

juga bagus.
주가 바구스.

Tono: **Terima kasih atas pujian Anda. Kami ingin menandatangani**
뜨리마 까시 아따스 뿌지안 안다. 까미 잉인 므난다땅아니

kontrak dengan perusahaan Anda.
꼰뜨락 등안 쁘루사한 안다.

Duri: **Ya, kami juga.**
야, 까미 주가.

Check 2   본문 내용과 일치하면 O표, 일치하지 않으면 X표를 하세요.

① **Karyawan akan jemput Duri di bandara.**   (   )
② **Tono datang dari korea untuk kontrak.**   (   )

03 어법 끝장내기

1 jam 시간

jam은 시간을 나타내거나 소요된 시간을 나타낼 때 사용한다.

표현	의미	예문	
jam+숫자	~시	Saya tidur jam 10.	나는 10시에 잠을 잡니다.
숫자+jam	~시간 (동안)	Saya tidur 10 jam.	나는 10시간을 잤습니다.
숫자+menit	~분 (동안)	Tunggu 2 menit.	2분을 기다린다.
숫자+detik	~초 (동안)	Selama 10 detik	10초 동안
숫자+jam yang lalu	~시간 전에	2 jam yang lalu	2시간 전에
숫자+jam lagi	~시간 후에	3 jam lagi	3시간 후에
Sekarang jam+숫자	지금은 ~시	Sekarang jam 6 sore	지금은 오후 6시입니다.

Check 3 다음 문장을 우리말로 바꿔 보세요.

① Minho tiba di Jakarta jam 5 sore. _____
② Pak Anton sudah tunggu 3jam. _____

2 hari 요일

hari는 '요일'이나 '휴일'이나 '명절과 같은 어떤 날'을 말할 때 사용한다.

표현	의미	예문	
숫자+hari	~일	Saya bekerja 5hari.	나는 5일 일한다.
숫자+hari yang lalu	~일 전	Ayah pergi ke Jakarta 2hari yang lalu.	아버지는 이틀 전에 자카르타에 가셨다.
숫자+hari lagi	~일 후(뒤)	Ulang tahun saya 3hari lagi.	내 생일은 3일 뒤이다.

월요일	화요일	수요일	목요일	금요일
Hari senin	Hari selasa	Hari rabu	Hari kamis	Hari jumat
하리 스닌	하리 슬라사	하리 라부	하리 까미스	하리 주맛

토요일	일요일	휴일	명절
Hari sabtu	Hari minggu	Hari libur	Hari raya
하리 삽뚜	하리 밍구	하리 리부르	하리 라야

Check 4 다음 문장을 우리말로 바꿔 보세요.

① **Saya pulang ke korea hari rabu.** _____

② **Hari ini hari kamis.** _____

3 tanggal 날짜

tanggal은 1일, 2일과 같이 날짜를 말할 때 숫자와 함께 사용한다.

표현	의미	예문
tanggal+숫자	~일	tanggal 1(1일), tanggal 2(2일)

우리 나라는 2박 3일이라 하지만 인도네시아어에서는 반대로 표현한다.

3hari 2malam(2박 3일), 4hari 3malam(3박 4일)

그저께	어제	오늘	내일	모레	3일 후
Kemarin dulu	Kemarin	Hari ini	Besok	Lusa	3hari lagi
끄마린 둘루	끄마린	하리 이니	베속	루사	띠가 하리 라기

Check 5 다음 문장을 우리말로 바꿔 보세요.

① **Hari ini tanggal 4.** _____
② **Besok adalah tanggal 5.** _____
③ **Kemarin adalah hari jumat.** _____
④ **Tanggal 5 adalah hari senin.** _____

04
끝장 마무리

A [보기]에서 알맞은 단어를 골라 빈칸에 써넣으세요.

[보기]

dua malam	pertama	menandatangani

1. Kami akan inap di Bali selama _____ satu hari.
2. Semoga perusahaan Anda _____ kontrak dengan kami.
3. Ini _____ kali saya datang di Jakarta.

B 주어진 단어를 우리말 뜻에 맞게 배열해 보세요.

4. jadwal / bagaimana / Anda / perjalanan / bisnis   출장 일정이 어떻게 되나요?

5. akan / saya / jemput / di / Minho / bandara   저는 공항으로 민호 씨 마중을 나갈 겁니다.

6. sangat / pemandangan / Korea / indah   한국 풍경이 매우 아름답다.

C 다음 문장을 우리말로 바꿔 보세요.

7. Saya ingin inap di hotel selama dua hari.

8. Jam berapa direktur perusahaan kami tiba di bandara?

9. Kami akan antar Anda ke bandara.

10. Kami senang membuat kontrak dengan Anda.

Role-Play

D [보기]와 같이 가장 기억에 남는 출장 경험에 대해 이야기해 보세요.

[보기]

Saya ke busan 1 bulan yang lalu.	저는 한 달 전에 부산을 갔어요.
Selama 4 hari 3 malam.	3박 4일 동안이요.
Sudah membuat kontrak dengan perusahaan BCT.	BCT회사와 계약을 했어요.
Pemandangan kota itu sangat indah.	그 도시의 풍경은 매우 아름다웠어요.

E 사진을 보고, [보기]와 같이 짝과 대화해 보세요.

[보기]

2박 3일   3박 4일   4박 5일   5박 6일

A: Kota yang mana Anda akan pergi untuk perjalanan bisnis?   어느 도시로 출장을 갑니까?
B: Saya harus pergi ke Jakarta untuk kontrak.   저는 계약을 위해 자카르타를 가야 합니다.
A: Selama berapa hari?   몇 일 동안 갑니까?
B: Selama 3hari 2malam.   2박 3일 동안이요.

Culture Tip

오젝(Ojek)이 뭐예요? 고젝(Gojek)은 또 뭐예요?

인도네시아 길거리에는 오토바이가 많다. 서민층에게 오토바이는 자가용 같은 존재로 4~5명 식구가 오토바이 한 대를 타고 다니며 승용차와 버스 틈을 비집고 다니는 풍경을 흔히 볼 수 있다. 오젝(Ojek)은 인도네시아어로 '영업용 오토바이'를 뜻한다. 오토바이 기사들은 'OJEK'이라고 적힌 푯말을 걸어 놓고 주변에 옹기종기 모여 있다가 손님이 "Ojek!" 하고 외치면 기사는 손님과 값을 흥정한 후, 원하는 목적지까지 태워다 준다. 한편, 고젝(Gojek)은 핸드폰 어플리케이션을 이용하여 오젝을 부르거나 택배, 배달과 같은 오젝을 이용한 서비스를 말한다. 이용요금은 1km당 2200루피아(186원)~3300루피아(279원)이다. 2018년 1600루피아(135원)였던 것에 비하면 가격이 많이 올랐으나 이 편리한 서비스의 이용 고객은 줄어들지 않았다. 고젝(Gojek)은 한국의 카카오 택시와 같이 인도네시아 경제에 엄청난 파급 효과를 일으켰다. (2019년 기준)

UNIT 08

공항_
Halo, saya mau memesan tiket pesawat ke Bali.

★ 이번 과에서 배울 주요 표현을 살펴보세요.

MP3 08-01

1 비행기 표를 예약할 때

Halo, saya mau memesan tiket pesawat ke Bali.
할로 사야 마우 므므산 띠껫 쁘사왓 끄 발리.
안녕하세요. 발리행 비행기 표를 예약하고 싶어요.

2 수화물을 검사할 때

Apakah ada barang yang
아빠까 아다 바랑 양
bahaya di dalam bagasi?
바하야 디 달람 바가시?
수화물 안에 위험한 물건이 있나요?

Tidak ada. Cuma ada baju dan kopi.
띠닥 아다. 쭈마 아다 바주 단 꼬삐.
아니요, 없습니다. 옷과 커피만 있습니다.

01
단어 끝장내기

memesan 므므산	주문하다, 예약하다	**paspor** 빠쓰뽀르	여권
tiket 띠껫	표, 입장권	**barang** 바랑	물건, 짐
berangkat 브르앙깟	출발하다	**bahaya** 바하야	위험
ekonomi 에꼬노미	경제	**dalam** 달람	안에, 깊은
kelas / tingkat 끌라쓰 띵깟	교실, 등급	**bagasi** 바가씨	수화물
pulang pergi 뿔랑 쁘르기	왕복	**koper** 꼬뻐르	여행 가방, 캐리어
balik 발릭	돌아오다	**kopi** 꼬삐	커피
check-in 쩨끄-인	체크인	**jendela** 즌델라	창
penerbangan 쁘느르방안	비행, 항공	**koridor** 꼬리도르	복도
selamat datang 슬라맛 다땅	어서 오세요	**kursi** 꾸르씨	의자, 좌석

Check 1 다음 우리말에 맞는 인도네시아어 낱말을 쓰세요.

① 비행 _____ ② 물건 _____
③ 수화물 _____ ④ 여권 _____
⑤ 왕복 _____ ⑥ 어서 오세요 _____

02 회화 끝장내기

A 대화문을 읽고 말해 보세요.

> **1** 자카르타 지사에 근무하는 민호 씨가 휴가를 맞이하여 발리로 여행을 가기 위해 비행기 표를 예약하려 한다.

Minho: Halo, saya mau memesan tiket pesawat ke Bali.
할로, 사야 마우 므므산 띠껫 쁘사왓 끄 발리.

Petugas: Kapan Anda berangkat?
까빤 안다 브르앙깟?

Minho: Apakah ada tiket pada tanggal sebelas sore?
아빠까 아다 띠껫 빠다 땅갈 스블라스 소레?

Petugas: Ada tiket pada jam satu sore. Mau ekonomi atau bisnis kelas?
아다 띠껫 빠다 잠 사뚜 소레. 마우 에꼬노미 아따우 비스니스 끌라스?

Minho: Minta satu bisnis kelas untuk pulang pergi.
민따 사뚜 비스니스 끌라스 운뚝 뿔랑 쁘르기.

Petugas: Tanggal berapa Anda akan balik ke Jakarta?
땅갈 브라빠 안다 아깐 발릭 끄 자카르타?

Minho: Pada tanggal tiga belas.
빠다 땅갈 띠가 블라스.

Petugas: Berangkat tanggal sebelas dan balik tanggal tiga belas. Apakah benar?
브르앙깟 땅갈 스블라스 단 발릭 땅갈 띠가 블라스. 아빠까 브나르?

Minho: Ya, benar.
야, 브나르.

Plus 학습

공항과 관련된 표현

· Penumpang harus check-in sebelum dua jam dari berangkat. 승객은 출발 2시간 전에 체크인을 해야 합니다.
· Gerbang nomor 32 untuk penerbangan ke Bali akan dibuka. 발리행 32번 게이트가 열릴 예정입니다.
· Oleh karena banyak hujan pesawat ke Bali nomor 332 tertunda. 많은 양의 비로 인하여 발리 행 332편이 지연됩니다.
· Toko bebas pajak ada di lantai berapa? 면세점이 몇 층에 있나요?

kapten 기장　　　　　transit 경유　　　　　bea lepas landas 이륙　　　pendaratan 착륙
pramugari 여자승무원　pelayanan 서비스　　laporan imigrasi 출입국신고서　cukai 관세

HiEnglish

2 민호 씨가 자카르타 공항에서 출국 수속을 밟으려고 한다.

Minho: **Halo, saya mau check-in untuk penerbangan ke Bali pada**
할로, 사야 마우 쩩인 운뚝 쁘느르방안 끄 발리 빠다
jam satu.
잠 사뚜.

Petugas: **Selamat datang. Bisa saya lihat paspor dan tiket Anda?**
슬라맛 다땅. 비사 사야 리핫 빠스포르 단 띠껫 안다?

Minho: **Ya, ini paspor dan tiketnya.**
야, 이니 빠스뽀르 단 띠껫냐.

Petugas: **Apakah ada barang yang bahaya di dalam bagasi?**
아빠까 아다 바랑 양 바하야 디 달람 바가시?

Minho: **Tidak ada. Cuma ada baju dan kopi.**
띠닥 아다. 쭈마 아다 바주 단 꼬삐.

Petugas: **Mau duduk di mana?**
마우 두둑 디 마나?
Dekat sisi jendela atau koridor?
드깟 씨시 즌델라 아따우 꼬리도르?

Minho: **Sisi koridor saja. Tolong minta**
씨시 꼬리도르 사자. 똘롱 민따
kursi yang paling dekat dari
꾸르시 양 빨링 드깟 다리
toilet.
또일렛.

> **인도네시아 현장 Tip_ 자카르타 Soekarno-Hatta(수카르노·하타) 국제공항**
>
> 수카르노·하타 공항은 인도네시아의 수도 자카르타에 있는 국제 공항이다. 이 공항의 이름은 초대 대통령 수카르노와 초대 부통령 모하맛 하타의 이름을 합쳐 지어진 것이다. 1986년 자카르타 시내에 있던 (Kemayoran)끄마요란 국내선 공항과 할림(Halim) 국제선 공항을 대체할 목적으로 자카르타 교외 지역인 땅그랑(Tangerang)에 신공항을 계획, 건설하여 1985년에 개항하였다. 현재 가루다 인도네시아 항공사, 국내외 항공사들이 이용하는 인도네시아의 주요 허브 공항이다.

Check 2   본문 내용과 일치하면 O표, 일치하지 않으면 X표를 하세요.

① **Minho memesan satu ekonomi kelas tiket untuk pulang pergi.**   (   )
② **Di dalam bagasi Minho ada Cuma baju dan kopi.**   (   )

03 어법 끝장내기

1 -nya의 활용

(1) -nya는 Dia 그/그녀의 의미를 가진다.

3인칭 대명사 dia(그/그녀)는 남성과 여성을 함께 지칭하며 이미 나온 명사를 수식하거나 소유격으로 쓰일 때에는 단수, 복수 관계 없이 '-nya'로 변한다.

Dia rajin dan pintar sekali.	그는 매우 부지런하고 영리하다.
Kamusnya ada di atas méja.	그의 사전은 책상 위에 있다.

(2) -nya는 정관사 the와 같이 앞 문장에 명시된 명사를 지칭한다. (tiket → nya)

Saya sudah memesan **tiket**.	나는 티켓을 예약했다.
Saya memesan**nya** di biro perjalanan.	나는 그 티켓을 여행사에서 예약했다.

(3) 형용사나 동사 뒤에 쓰여 명사화해 준다.

Beli**nya** di mana?	구매를 어디에서 했어요?
Tiba**nya** kapan?	도착이 언제에요?

(4) 품사와 관계없이 강조의 역할을 한다.

Hari ini cuaca**nya** bagus.	오늘 날씨가 정말 좋네요.
Dia suara**nya** merdu.	그녀의 목소리가 정말 듣기 좋네요.

Check 3 다음 문장을 nya를 활용해 우리말 뜻에 맞게 바꿔 보세요.

① **Ibu masak nasi goreng untuk anak.**
_____ 어머니는 그녀의 아이를 위해 나시고랭을 만든다.

② **Mobil sangat mahal.**
_____ 그 자동차는 매우 비싸다.

③ **Pulang ke rumah.**
_____ 그의 집으로 돌아간다.

④ **Pak Agus pulang cepat.**
_____ 아구스 씨는 퇴근을 정말 빨리 한다.

2 sisi / sebelah~ ~쪽, ~옆

sisi와 sebelah는 사람이나 사물의 위치를 표현 할 때 명사 뒤에 위치하여 '~쪽' 혹은 '~측'이라는 의미를 가지고 있다.

Kantor saya terletak di sisi mall Jakarta.	내 사무실은 자카르타 몰 옆에 위치해 있다.
Dia nenek sebelah ibu.	저 분은 어머니 쪽 할머니(외할머니)이십니다.
Tono duduk di sebelah belakang.	또노 씨는 뒤쪽에 앉아 있습니다.

Check 4 다음 문장을 인도네시아어로 바꿔 보세요.

① 나는 외할아버지를 만났다. _____

② 산드라 씨는 복도 쪽에 앉고 싶어 한다. _____

3 형용사 최상급 비교

최상급은 보통 형용사 앞에 paling을 쓰거나 형용사 앞에 ter~를 붙여 표현한다.

표현	Parling+형용사	ter~+형용사
예문	Dia suka bermain sepak bola. 그는 축구하는 것을 좋아한다. Dia paling suka bermain sepak bola. 그는 축구하는 것을 가장 좋아한다.	Jakarta adalah kota yang besar di Indonesia. 자카르타는 인도네시아에서 큰 도시이다. Jakarta adalah kota yang terbesar di Indonesia. 자카르타는 인도네시아에서 가장 큰 도시이다.

Check 5 다음 문장을 최상급으로 바꿔 보세요.

① **Dia suka minum susu.**

_____

② **Canti cantik di kantor kami.**

_____

04
끝장 마무리

A [보기]에서 알맞은 단어를 골라 빈칸에 써넣으세요.

[보기]

| bagasi | memesan | paling |

1 Saya mau _____ tiket pesawat untuk dua orang.

2 Apakah ini _____ dia?

3 Dia _____ suka duduk di depan.

B 주어진 단어를 우리말 뜻에 맞게 배열해 보세요.

4 datang / di / Jakarta / selamat 　　자카르타에 오신걸 환영합니다.

_____

5 duduk / sebelah / Duri / depan / di 　　두리 씨는 앞쪽에 앉아 있다.

_____

6 terbaik / pesawat / Korea / pelayanan 　　한국 비행기 서비스가 가장 좋다.

_____

C 다음 문장을 우리말로 바꿔 보세요.

7 Apakah Anda sudah check-in? 　_____

8 Pesawat ke Bali akan berangkat. 　_____

9 Pesawast adalah transportasi umum yang paling cepat.

_____

10 Karyawan masih bekerja di kantornya.

_____

Role-Play

D 공항에서 탑승 수속을 밟는 과정에서 직원이 수화물을 검사하려 한다. 가방 속에 무엇이 있는지 [보기]와 같이 설명해 보세요.

[보기]

  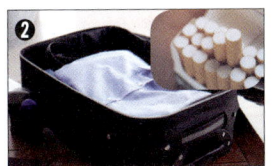

A: Apakah ada barang yang bahaya di dalam bagasi Anda? 당신의 짐 안에 위험한 물건이 있나요?
B: Tidak ada. Cuma ada baju dan laptop. 아니요. 옷과 노트북만 있어요.
A: Boleh saya buka bagasi Anda? 당신의 짐을 열어봐도 될까요?
B: Ya, boleh. 네, 그러세요.

E 빈칸을 완성한 후, 짝과 함께 항공사 직원과 승객의 역할을 해 보세요.

'발리' 대신 장소를 다른 곳으로 바꾸어 대화해 보세요.

[보기]

A: Anda pergi ke mana hari ini? 오늘 어디로 가세요?
B: ① _____ 오늘 저는 발리로 갑니다.
A: Bisakah saya lihat tiket dan paspor? 여권과 비행기표를 보여주세요.
B: ② _____ 네, 여기 있습니다.
A: Selamat jalan. 안녕히 가세요.
B: ③ _____ 네, 감사합니다.

Culture Tip

블루버드를 타고 싶으면 대기표가 있어야 해요!

인도네시아 자카르타 수카르노·하타 공항에 도착해서 시내를 가는 방법은 두 가지가 있다. 첫째로, Damri bus를 이용하는 것이다. 가격은 가장 저렴하지만 24시간 운행을 하는 것이 아니므로 밤늦게 도착하는 경우 이용이 불가능하다. 15분 간격으로 배차가 있고, 자카르타까지 걸리는 시간은 약 1시간 정도 걸린다. 둘째로, 택시를 이용하는 것이다. 한국과 비교했을 때 택시 요금이 저렴하다. 택시를 이용할 경우, 공영택시인 실버버드(Silver bird)와 블루버드(Blue bird)를 이용하는 것을 추천한다. 둘 중에서는 블루버드(Blue bird)가 더 저렴하다. 손님이 대기표를 출력해 승차장에서 기다리면 대기표 번호가 화면에 뜬다. 그러면 손님이 택시에 탑승해 목적지를 말하면 된다. 자카르타 중심부까지 약 50분 정도 소요된다. 자카르타 블루버드의 기본 요금은 6500루피아(556원)이며 km당 3500루피아(300원)이다. (2019년 기준)

UNIT 09

호텔_
Saya ingin memesan kamar.

★ 이번 과에서 배울 주요 표현을 살펴보세요.

 호텔 룸을 예약할 때

Saya ingin memesan kamar.
사야   잉인   므므싼   까마르
나는 방을 예약하고 싶어요.

Ya, masih ada kamar di hotel kami.
야,   마씨   아다   까마르   디   호뗄   까미.
네, 저희 호텔에 방이 남아 있어요.

2 서비스를 요청할 때

Ini kamar nomor 306. Saya mau
이니   까마르   노모르   띠가꼬송은남.   사야   마우
menggunakan layanan pencucian.
믕구나깐   라야난   쁜쭈찌안.
여기는 306호인데요. 나는 세탁 서비스를 이용하고 싶어요.

01 단어 끝장내기

kamar 까마르	방	**selamat tinggal** 슬라맛 띵갈	안녕히 가세요/계세요
masih 마씨	아직~하는	**bisa** 비사	~할 수 있는
harga 하르가	가격	**ini** 이니	이것, 여기
termasuk 뜨르마숙	포함되다	**menggunakan** 믕구나깐	이용하다, 사용하다
tambahan 땀바한	추가	**layanan** 라야난	봉사, 서비스
kasur 까수르	매트리스, 침대	**pencucian** 쁜쭈찌안	세탁
boleh 볼레	가능한, ~할 수 있는	**cucian** 쭈찌안	세탁물
biaya 비아야	비용	**servis** 쎄르피쓰	서비스
ongkos 옹꼬쓰	요금	**gratis** 그라띠쓰	무료로
semua 스무아	모두의, 모든	**tamu** 따무	손님

Check 1 다음 우리말에 맞는 인도네시아어 낱말을 쓰세요.

① 세탁물 _____   ② 손님 _____
③ 포함되다 _____   ④ 방 _____
⑤ 무료로 _____   ⑥ 이것, 여기 _____

02 회화 끝장내기

A 대화문을 읽고 말해 보세요.

1 민호 씨가 호텔 룸을 예약한다.

Minho: **Halo, ini hotel Bali kan? Saya ingin memesan kamar.**
할로, 이니 호뗄 발리 깐? 사야 잉인 므므싼 까마르.

Petugas hotel: **Ya, masih ada kamar di hotel kami.**
야, 마씨 아다 까마르 디 호뗄 까미.

Anda mau memesan berapa malam?
안다 마우 므므싼 브라빠 말람?

Minho: **Saya mau memesan 3hari 2malam dari tanggal 11 maret.**
사야 마우 므므싼 띠가 하리 두아 말람 다리 땅갈 스블라스 마릇.

Berapa harganya?
브라빠 하르가냐?

Petugas hotel: **Satu malam 100ribu rupiah sudah termasuk sarapan.**
사뚜 말람 스라뚜쓰 리부 루삐아 수다 뜨르마숙 사라빤.

Minho: **Saya pesan satu kamar.**
사야 쁘싼 사뚜 까마르.

Petugas hotel: **Ya, boleh saya minta nama dan nomor telepon Anda?**
야, 볼레 사야 민따 나마 단 노모르 뗄레뽄 안다?

Plus 학습

호텔과 관련된 표현

· Minta kamar yang ada balkon. 발코니가 있는 방으로 주세요.
· Ini kamar kunci Anda. 이것은 당신의 방 키입니다.
· Restoran hotel ada di lantai dua. 호텔 식당은 2층에 있어요?
· Apakah ada antar-jemput ke bandara? 공항 픽업 서비스가 있나요?

tempat pesta 연회장
makan siang 점심 식사
prasmanan 뷔페
kolam renang 수영장
sarapan 아침 식사
makan malam 저녁 식사
istirahat 휴식
teras 테라스

인도네시아 현장 Tip_ 팁 문화

한국에 없는 팁 문화가 인도네시아를 처음 갔을 때 생소할 수도 있다. 보통 식당, 운전기사, 가사도우미, 배달원, 수리공, 주차 요원 등 다양한 상황에서 팁 문화가 존재한다. 부담감을 느끼며 필수적으로 팁을 줄 필요는 없으나 때에 따라 한국 돈 500원에서 많게는 5000원을 준다. 특히나 호텔에서는 룸 서비스를 온 호텔 직원들에게 웬만하면 팁을 챙겨주는 것이 예절이며 이 문화는 금액과 관계없이 감사함을 표현함이기에 인색할 필요는 없다.

2 민호 씨가 호텔에서 세탁 서비스를 이용하려 한다.

Petugas hotel: Selamat datang di hotel Jakarta, bisa saya bantu?
슬라맛 다땅 디 호뗄 자카르타, 비사 사야 반뚜?

Minho: Selamat siang. Ini kamar nomor 306.
슬라맛 씨앙. 이니 까마르 노모르 띠가꼬송으남.

Saya mau menggunakan layanan pencucian.
사야 마우 믕구나깐 라야난 쁜쭈찌안.

Petugas hotel: Ya, petugas room servis akan datang ke kamar Anda
야, 쁘뚜가쓰 룸 쎄르피쓰 아깐 다땅 끄 까마르 안다

untuk mengambil cucian.
운뚝 믕암빌 쭈찌안.

Minho: Berapa biayanya?
브라빠 비아야냐?

Petugas hotel: Layanan pencucian gratis untuk semua tamu di hotel
라야난 쁜쭈찌안 그라띠쓰 운뚝 스무아 따무 디 호뗄

kami.
까미.

Minho: Wah, layanan hotel ini sama bagusnya dengan hotel Jakarta.
와, 라야난 호뗄 이니 사마 바구쓰냐 등안 호뗄 자카르타.

Petugas hotel: Terima kasih. Tetapi pemandangan hotel kami lebih
뜨리마 까시. 뜨따삐 쁘만당안 호뗄 까미 르비

bagus daripada hotel Jakarta.
바구쓰 다리빠다 호뗄 자카르타.

Check 2 본문 내용과 일치하면 O표, 일치하지 않으면 X표를 하세요.

① **Minho memesan dua kamar dan tambahan kulkas.** (   )
② **Biaya layanan pencucian gratis untuk semua petugas hotel.** (   )

03 어법 끝장내기

1 형용사 동급 비교

형용사의 동급 비교는 sama~dengan으로 나타낸다. sama~denga을 se- 형식으로도 표시하며 dengan을 대개 생략한다.

Tono sama kaya dengan Sandra.   또노는 산드라와 같은 부자이다.
Tono sekaya (degan) Sandra.   또노는 산드라와 같은 부자이다.
Hotel Jakarta sama besar dengan hotel Korea.   자카르타 호텔은 한국 호텔만큼 크다.
Hotel Jakarta sebesar (degan) hotel Korea.   자카르타 호텔은 한국 호텔만큼 크다.

> **Check 3**   다음 두 문장을 형용사 동급 비교를 활용해 바꿔 보세요.
>
> ① **Ayah baik / Ibu baik.**
> _____ = Ayah sebaik ibu.
>
> ② **Direktur rajin / Petugas rajin.**
> _____ = Direktur serajin petugas.

2 형용사 비교급 비교

형용사 비교급 비교는 lebih~daripada(우등 비교)와 kurang~daripada(열등 비교)로 나타낸다.

Dia lebih pintar daripada saya.   그는 나보다 더 똑똑하다.
Dia kurang pintar daripada saya.   그는 나보다 덜 똑똑하다.
Istri lebih tua daripada suaminya.   아내는 그녀의 남편보다 더 늙었다.
Istri kurang tua daripada suaminya.   아내는 그녀의 남편보다 덜 늙었다 (= 젊다).

Check 4   우리말에 맞게 비교급 문장으로 바꿔 보세요.

① **Saya bekerja rajin. / Dia bekerja rajin.**   나는 그보다 더 열심히 일했다.

② **Teguh suka durian. / Minho suka durian.**   뜨구는 민호보다 두리안을 덜 좋아한다.

3 의문대명사 berapa

가격, 수량, 정도 그리고 규모 따위를 물을 때는 berapa라는 표현을 사용한다.

Berapa malam Anda akan inap di hotel?   며칠 밤을 호텔에서 머무를 예정입니까?
Ada berapa karyawan di perusahaan ABC?   ABC 회사에 몇 명의 직원이 있습니까?
Berapa harga produk ini?   이 제품의 가격은 얼마입니까?

Check 5   의문대명사 berapa를 활용해 다음 문장의 질문을 만들어 보세요.

① **Ada 5 mahasiswa di kelas.**

② **Ada 2 helai laporan di atas meja.**

③ **Selama 7 hari.**

④ **Ada 10 ekor ayam.**

⑤ **Ada 8 orang di kantor.**

04 끝장 마무리

A [보기]에서 알맞은 단어를 골라 빈칸에 써넣으세요.

[보기]

| harga | berapa | lebih |

1. Kamar ini untuk _____ orang?
2. Layanan hotel itu _____ bagus daripada hotel ini.
3. Berapa _____ kamar itu?

B 주어진 단어를 우리말 뜻에 맞게 배열해 보세요.

4. biaya / untuk / berapa / pencucian / menggunakan / layanan
   세탁 서비스 비용이 얼마인가요?
   _____

5. mau / kami / kamar / termasuk / yang / sarapan   우리는 조식이 포함된 방을 원합니다.
   _____

6. apakah / kamar / itu / dia / kunci   저것은 그의 방 키입니까?
   _____

C 다음 문장을 우리말로 바꿔 보세요.

7. Layanan hotel ini sebagus hotel itu.   _____
8. Berapa harga hotel di Bali?   _____
9. Orang Indonesia lebih banyak daripada orang Korea.
   _____
10. Boleh saya minta nomor kamar kalian?   _____

Role-Play

D [보기]와 같이 인도네시아에 있는 호텔에 전화한다고 가정하고 방을 예약해 보세요.

[보기]

A: Halo, saya ingin memesan kamar untuk 2 orang.
여보세요. 저는 2인실 방을 예약하고 싶어요.
Inap dari tanggal 5 sampai tanggal 7 april.
4월 5일부터 7일까지 묵을 거예요.

E 사진을 보고, 음식을 주문하거나 에어컨 고장을 수리해 달라고 말해 보세요.

Culture Tip

고급스러운 보로부두르(Borobudur)호텔에 하룻밤 묵어 보세요.

자카르타는 인도네시아의 정치, 경제, 관광의 중심지이다. 보로부두르 호텔은 자카르타에 위치해 있지만 족자카르타(Yogyakarta) 지방에 있는 보로부두르라는 유네스코 등재된 문화유산에서 이름을 따왔다. 1974년 준공된 5성급 호텔로서 매우 고급스러우며 객실 및 부대시설은 우아한 분위기와 쾌적함을 유지하고 있다. 자카르타 중심지에 있어 출장이나 여행을 온 사람들에게 이동하기 편리하다. 24시간 룸서비스와 공항 픽업 서비스가 가능하며 다른 호텔과 비교했을 때 내부와 외부 장식은 인도네시아의 전통적인 정서를 느낄 수 있게 고급스럽게 꾸며 두었다. 하루 숙박료는 최저(superior) 1,200,000 루피아(102,600원)에서 최대(exclusive suite) 4,000,000 루피아(342,000원)이다. 일반 호텔이나 게스트 하우스보단 가격이 비싸지만 위치나 서비스 품질, 특히나 여유로운 휴식을 원한다면 이곳을 권한다. (2019년 기준)

UNIT 10

약속_
Kapan Anda mau bertemu?

★ 이번 과에서 배울 주요 표현을 살펴보세요.

1 약속을 제안할 때

Kapan Anda mau kemari?
까빤 안다 마우 끄마리?
언제 만나고 싶으세요?

Bagaimana minggu depan hari senin pagi?
바가이마나 밍구 드빤 하리 스닌 빠기?
다음 주 월요일 오전은 어떤가요?

2 약속을 변경할 때

Apakah saya boleh mengubah waktu janji kami?
아빠까 사야 볼레 믕우바
왁뚜 잔지 까미?
약속 시간을 변경해도 될까요?

01 단어 끝장내기

kemari 끄마리	이쪽으로, 이리로	**sekitar** 스끼따르	대략
kurang 꾸랑	모자라는, 부족한	**sampaikan** 삼빠이깐	~을 전하다
tentu 뜬뚜	확실한	**mohon** 모혼	요청하다, 간청하다
setiap 스띠압	매, 각각의	**maaf** 마압	용서, 미안하다
melakukan 믈라꾸깐	행하다	**mengubah** 응우바	바꾸다, 변화시키다
rapat 라빳	회의, 모임	**janji** 잔지	약속
setelah 스뜰라	~한 후에	**urusan** 우루산	행사, 업무, 일
sesudah 스수다	~한 후에	**penting** 쁜띵	중요한
tepat 뜨빳	올바른, 정확한	**sana** 사나	저 쪽, 저기
pertemuan 쁘르뜨무안	모임, 만남	**baru** 바루	막

Check 1 다음 우리말에 맞는 인도네시아어 낱말을 쓰세요.

① 행하다 _____   ② 행사, 업무 _____
③ 부족한 _____   ④ 저 쪽 _____
⑤ 약속 _____   ⑥ 대략 _____

02 회화 끝장내기

A 대화문을 읽고 말해 보세요.

1 두리 씨가 짠띠 씨에게 연락해 약속을 잡고자 한다.

Duri: **Halo, ini Duri. Saya baru tiba di Jakarta kemarin malam.**
할로, 이니 두리. 사야 바루 띠바 디 자카르타 끄마린 말람.
Saya mau bertemu dengan direktur perusahaan Anda.
사야 마우 브르뜨무 등안 디렉뚜르 쁘루사한 안다.

Canti: **Halo, Duri. Kapan Anda mau bertemu?**
할로, 두리. 까빤 안다 마우 브르뜨무?

Duri: **Bagaimana minggu depan hari senin pagi?**
바가이마나 밍구 드빤 하리 스닌 빠기?

Canti: **Kalau hari senin kurang tentu. Karena setiap hari senin pagi**
깔라우 하리 스닌 꾸랑 뜬뚜. 까르나 스띠압 하리 스닌 빠기
direktur melakukan rapat dengan semua karyawan.
디렉뚜르 믈라꾸깐 라빳 등안 스무아 까리아완.

Duri: **Jika begitu bagaimana setelah makan siang?**
지까 브기뚜 바가이마나 스뜰라 마깐 씨앙?

Canti: **Saya pikir waktu itu tepat untuk pertemuan dengan direktur.**
사야 삐끼르 왁뚜 이뚜 뜨빳 운뚝 쁘르뜨무안 등안 디렉뚜르.

Duri: **Saya akan datang ke sana sekitar jam 2 siang.**
사야 아깐 다땅 끄 사나 스끼따르 잠 두아 씨앙.

Canti: **Ya, saya akan sampaikan kepada direktur.**
야, 사야 아깐 삼빠이깐 끄빠다 디렉뚜르.

Plus 학습

약속과 관련된 표현

· **Kapan kita bertemu?** 우리 언제 만날까요?
· **Besok saya ada perjanjian dengan tamu dari Korea.** 내일 한국에서 오는 손님과 약속이 있어요.
· **Sampai jumpa minggu depan hari rabu.** 다음 주 수요일에 뵙겠습니다.

kemarin 어제   hari ini 오늘   bseok 내일   hari biasa / kerja 평일
akhir minggu / pekan 주말   silakan (영어의 'please〜') 〜하기 바라다

HiEnglish

2 짠띠 씨가 두리 씨에게 연락해 약속을 변경하고자 한다.

Canti: **Halo, ini Canti dari perusahaan pakaian ABC.**
할로, 이니 짠띠 다리 쁘루사한 빠까이안 아베쩨.

Duri: **Ya, ada apa?**
야. 아다 아빠?

Canti: **Saya mohon maaf. Apakah saya boleh mengubah waktu janji kami?**
사야 모혼 마압. 아빠까 사야 볼레 믕우바 왁뚜 잔지 까미?

Duri: **Oh, kenapa?**
오. 끄나빠?

Canti: **karena hari senin setelah makan siang dia ada urusan sangat penting.**
까르나 하리 스닌 스뜰라 마깐 씨앙 디아 아다 우루싼 상앗 쁜띵.

Duri: **Ya, tidak apa-apa. Jadi kapan saya bisa bertemunya?**
야. 띠닥 아빠 아빠. 자디 까빤 사야 비사 브르뜨무냐?

Canti: **Bagaimana hari selasa sore?**
바가이마나 하리 슬라사 소레?

Duri: **Ya, bisa.**
야. 비사.

> **인도네시아 현장 Tip_ 약속 시각**
>
> 한국에 '코리아 타임'이 있듯이 인도네시아 사람들도 약속 시각을 칼같이 지키는 편은 아니다. 더운 날씨에 워낙 여유를 부리는 성격이고 '빨리빨리'라는 문화가 없기에 약속 시각에 30분 정도 늦는 것은 별문제가 되지 않는다. 또한 인도네시아는 교통체증이 굉장히 심해, 약속 시각에 늦는 것에 대해 이해를 해주는 편이다.

Check 2 본문 내용과 일치하면 O표, 일치하지 않으면 X표를 하세요.

① **Duri akan tiba di Jakarta besok malam.** ( )
② **Canti mau mengubah waktu pertemuan Duri dan direkturnya.** ( )

03 어법 끝장내기

1 Minggu와 minggu

Minggu는 '주' 와 '일요일'이라는 두 가지 뜻을 가지고 있다. 그러나 인도네시아에서는 '주'와 '일요일'을 구분해서 표기하기 위해 '주'는 minggu(소문자) 그리고 '일요일'은 Minggu(대문자)로 표기한다.

Hari ini hari Minggu.	오늘은 일요일이다.
Minggu depan hari minggu kami akan bertemu.	다음 주 일요일에 우리는 만날 것 입니다.
Minggu kemarin saya pergi ke Jakarta.	지난주에 나는 자카르타를 갔다.

Check 3 다음 문장을 인도네시아어로 바꿔 보세요.

① 나는 다음 주 일요일에 돌아갑니다. _____
② 일요일은 제 생일입니다. _____

2 oleh karena ~때문에, 왜냐하면

oleh karena는 '~때문에', '왜냐하면', '~이므로'라는 의미로 결과나 목적에 대한 원인을 표현할 때 사용된다. 그러나 보통 oleh를 생략하기도 한다.

Saya tidak bisa bertemu dengan Anda. Karena saya sibuk.
나는 당신을 만날 수 없습니다. 왜냐하면 저는 바쁩니다.
Oleh karena sibuk, saya tidak bisa bertemu dengan Anda.
바쁘기 때문에 나는 당신을 만날 수 없습니다.

Check 4 다음 단어를 우리말 뜻에 맞게 알맞게 배열해 보세요.

① **karena / urusan / penting / ada / mengubah / saya / ingin / pertemuan / kami**
제가 중요한 일이 있어 우리의 약속을 변경하고 싶어요.
_____

② **karena / oleh / sibuk / belum / makan / saya**
저는 바빠서 아직 식사를 못 했어요.
_____

3 sangat, sekali 매우

sangat은 주로 형용사나 부사 앞에 위치하며 sekali는 형용사나 부사 뒤에 위치하여 '매우'라는 표현을 해준다.

Sekretaris itu cantik sekali.	저 비서는 매우 예쁘다.
Sekretaris itu sangat cantik.	저 비서는 매우 예쁘다.
Dia orang yang rajin sekali.	그는 매우 부지런한 사람이다.
Dia orang yang sangat rajin.	그는 매우 부지런한 사람이다.
Kantornya kotor sekali.	사무실이 매우 더럽다.
Kantornya sangat kotor.	사무실이 매우 더럽다.

Check 5   다음 문장을 sangat과 sekali를 활용해 바꿔 보세요.

① **Pesawat cepat.**
_____

② **Hp pintar bagus.**
_____

③ **Orang itu baik.**
_____

④ **Pacar saya cantik.**
_____

⑤ **Canti rajin.**
_____

04
끝장 마무리

A [보기]에서 알맞은 단어를 골라 빈칸에 써넣으세요.

[보기]

sekitar   kurang   penting

1 Urusan kantor semua _____.
2 Ayah pulang dari kerja _____ jam 5 sore.
3 Jika hari ini _____ tentu.

B 주어진 단어를 우리말 뜻에 맞게 배열해 보세요.

4 sampaikan / akan / sekretaris / saya / kepada / pak Yono
   제 비서가 요노 씨에게 전달할 거에요.
   _____

5 semua / sangat / suka / tidak / karyawan / rapat   모든 직원들은 회의를 매우 싫어한다.
   _____

6 kemarin / Minggu / hari / adalah   어제는 일요일입니다.
   _____

C 다음 문장을 우리말로 바꿔 보세요.

7 Apakah saya boleh mengubah waktu pertemuan kami?
   _____

8 Bisakah Anda pegi ke bioskop dengan saya minggu depan?
   _____

9 Dia terlambat setiap pertemuan.   _____

10 Silakan kemari kalau ada waktu.   _____

Role-Play

D 짝과 함께 [보기]와 같이 협력 회사를 방문하는 약속을 제안해 보세요.

[보기]

A: Terima kasih atas kunjungan Anda.
방문해 주셔서 감사합니다.

B: Saya juga terima kasih atas pertemuan ini.
저도 이번 만남에 감사합니다.

A: Kami akan kunjung ke kantor Anda pada tanggal 5 Mei.
저희는 5월 5일에 당신 사무실을 방문할 예정입니다.

B: Ya, silakan datang.
네, 어서 오세요.

날짜를 바꿔 대화해 보세요.

E 짝과 함께 [보기]와 같이 영화 보러 가는 약속을 잡아 보세요.

[보기]

A: Apa Anda mau pergi ke bioskop dengan saya akhir minggu ini?
이번 주 주말에 저와 함께 영화관에 가실래요?

B: Ya, boleh.
네, 좋지요.

A: Kami bertemu di mana dan jam berapa?
우리는 어디에서 몇 시에 만날까요?

B: Mari kita bertemu hari sabtu jam 7sore di depan bioskop.
토요일 오후 7시에 영화관 앞에서 만나요.

시간과 장소를 바꿔 대화해 보세요.

Culture Tip

인도네시아에서는 인사말이 "목욕했어요?"

인도네시아 사람들은 한국에서 흔히 "식사했어요?"라는 말 대신 "목욕했어요?"("Sudah mandi?")라는 말을 사용한다. 인도네시아에서 목욕은 일반적으로 몸에 물을 끼얹듯이 하는 샤워를 말한다. 인도네시아는 나라가 적도에 위치해 날씨가 매우 덥다. 그래서 인도네시아인들은 자주 씻는데 종교적인 이유도 있다. 이슬람인이라면 하루에 5번 기도를 하며 매 기도 전에는 몸통을 제외한 얼굴, 손, 팔, 다리 그리고 발 부분을 깨끗이 씻어야 하는 규칙이 존재하기 때문이다. 대부분의 사람들은 하루에 두 번 이상 목욕을 하며 이러한 문화 때문에 인도네시아인들은 서로 만났을 때 "목욕했느냐?"는 말을 자주 던진다. 하나의 인사 문화이므로 목욕을 하지 않았더라도, 가볍게 긍정을 표시하는 것이 좋다.

UNIT 11

길 찾기
Arah ke mana?

★ 이번 과에서 배울 주요 표현을 살펴보세요.

MP3 11-01

1 길 묻고 대답할 때

Tolong kasih tahu saya jalan ke Monas.
똘롱 까시 따우 사야 잘란 끄 모나쓰
모나스 가는 길을 알려 주세요.

Berjalan lurus di jalan ini kemudian belok kiri di perempatan.
브르잘란 루루쓰 디 잘란 이니 끄무디안 벨록 끼리 디 쁘름빳딴
이 길로 직진하다가 사거리에서 왼쪽으로 가세요.

2 건물의 위치를 물을 때

Apakah ada toko Hp di dekat sini?
아빠까 아다 또꼬 하뻬 디 드깟 시니
이 근처에 핸드폰 가게가 있나요?

01 단어 끝장내기

kasih 까시	주다	**terletak** 뜨르르딱	~에 위치한
tahu 따우	알다	**tengah** 뜽아	가운데, 중앙
jalan 잘란	길, 걸어가다	**lapangan** 라빵안	광장, 운동장
gampang 감빵	쉬운, 간단한	**permisi** 쁘르미씨	실례하다
lurus 루루쓰	반듯한, 일직선의	**toko** 또꼬	가게, 상점
kemudian 끄무디안	그 후, 이후	**sama** 사마	동일한, 같은
belok 벨록	돌다	**dekat** 드깟	가까운
kanan 까난	오른쪽	**jauh** 자우	먼
kiri 끼리	왼쪽	**kira-Kira** 끼라-끼라	대략, 어림짐작으로
perempatan 쁘름빳딴	사거리	**kaki** 까끼	발, 다리

Check 1 다음 우리말에 맞는 인도네시아어 낱말을 쓰세요.

① 오른쪽 _____   ② 실례하다 _____
③ 왼쪽 _____   ④ 먼 _____
⑤ 사거리 _____   ⑥ 쉬운, 간단한 _____

02 회화 끝장내기

A 대화문을 읽고 말해 보세요.

1 진영 씨가 모나스를 찾아가는 길을 짠띠 씨에게 물어본다.

Jinyoung: **Selamat siang.**
슬라맛 씨앙.

Canti: **Selamat siang. Bisa saya bantu?**
슬라맛 씨앙. 비사 사야 반뚜?

Jinyoung: **Ya, tolong kasih tahu saya jalan ke Monas.**
야, 똘롱 까시 따우 사야 잘란 끄 모나쓰.

Canti: **Gampang. Berjalan lurus di jalan ini kemudian belok kiri**
감빵. 브르잘란 루루쓰 디 잘란 이니 끄무디안 벨록 끼리

di perempatan. Monas terletak di tengah lapangan.
디 쁘름빳딴. 모나쓰 뜨르르딱 디 뜽아 라빵안.

Jinyoung: **Terima kasih.**
뜨리마 까시.

Canti: **Sama-sama.**
사마 사마.

> **인도네시아 현장 Tip_ 길 이름과 주소**
>
> 인도네시아의 도시의 길 이름 중에 큰 업적을 남긴 왕이나 영웅 그리고 정치인들의 이름을 따서 지은 길이 많다. 그리고 인도네시아에서 주소를 적을 때는 한국과 달리 도시 명과 나라를 맨 마지막에 쓴다. 예를 들면 역삼동 158-12 강남구 대한민국 이런 식으로 작성한다.

길 찾기와 관련된 표현

· **Apotek ada di mana?**   약국이 어디에 있어요?
· **Berjalan terus di jalan ini lalu belok kanan.**   이 길을 직진하다가 우회전하세요.
· **Dari sini bisa jalan kaki.**   여기서부터 걸어갈 수 있어요.
· **Saya tersesat.**   저는 길을 잘못 들었어요.

gedung 건물	**rumah sakit** 병원	**halte** 버스 정류장	**stasiun** 역, 정거장
bank 은행	**toko buku** 서점	**sekolah** 학교	**lampu merah** 신호등

2 진영 씨가 핸드폰 가게를 찾아가는 길을 짠띠 씨에게 물어본다.

Jinyoung: **Permisi, apakah ada toko hp di dekat sini?**
쁘르미씨, 마빠까 아다 또꼬 하뻬 디 드깟 시니?

Canti: **Ya, ada.**
야. 아다.

Jinyoung: **Tolong kasih tahu saya jalan ke toko hp.**
똘롱 까시 따우 사야 잘란 끄 또꼬 하뻬.

Canti: **Belok kanan di perempatan dan berjalan lurus 50meter.**
벨록 까난 디 쁘름빳딴 단 브르잘란 루루쓰 리마뿔루 메떠르.

Toko hp ada di situ.
또꼬 하뻬 아다 디 시뚜.

Jinyoung: **Apakah jauh dari sini? Makan waktu berapa menit?**
아빠까 자우 다리 시니? 마깐 왁뚜 브라빠 므닛?

Canti: **Tidak begitu jauh. Kira-kira 10menit dengan jalan kaki.**
띠닥 브기뚜 자우. 끼라 끼라 스뿔루 므닛 등안 잘란 까끼.

Check 2 본문 내용과 일치하면 O표, 일치하지 않으면 X표를 하세요.

① **Canti tidak tahu jalan ke Monas.** (   )
② **Jinyoung mau pergi toko hp.** (   )

03 어법 끝장내기

1 방향, 위치 표시

기본적으로 kanan(오른쪽)과 kiri(왼쪽) 앞에 belok을 위치시켜 우회전과 좌회전을 표현한다.

Rumah sakit ada di mana? 병원이 어디에 있어요?
Anda harus **belok kanan** di perempatan. 당신은 사거리에서 우회전해야 합니다.
Berjalan lurus dan **belok kiri**. 직진해서 걷다가 좌회전하세요.

belok kiri 좌회전하다 벨록 끼리	belok kanan 우회전하다 벨록 깐난	mundur 후진하다 문두르	putar balik 유턴하다 뿌따르 발릭
depan 앞 드빤	belakang 뒤 블라깡	atas 위 아따쓰	bawah 아래 바와
sini 여기 시니	situ 저기 시뚜	sisi ~쪽 씨씨	seberang 맞은편 스브랑
timur 동 띠무르	barat 서 바랏	selatan 남 슬라딴	utara 북 우따라

> **Check 3** 우리말에 맞게 빈칸을 완성하세요.
>
> ① **Toko buku terletak di _____ kantor.** 서점은 우리 사무실 뒤에 위치해 있다.
> ② **Rumah sakit ada di _____ restoran.** 병원은 식당 옆에 있다.

2 ter-의 활용

동사 앞에 ter-를 붙여 고의가 아닌 우연한 행동, 상태 그리고 가능성을 표현한다.

① 우연한 행동	jatuh 떨어지다	Tono **ter**jatuh dari pohon.	또노는 나무에서 떨어졌다.
	bangun 일어나다	Saya **ter**bangun jam 6pagi.	나는 아침 6시에 깼다.
② 상태	letak 위치	Buku saya **ter**letak di atas meja.	내 책은 책상 위에 있다.
	buka 열다	Kantor kami **ter**buka jam 9pagi.	우리 사무실은 아침 9시에 열려 있다.
③ 가능성	dengar 듣다	Suara dia **ter**dengar dari sini.	그의 목소리가 여기에서 들린다.
	urus 돌보다	Saya **ter**urus anak saya.	나는 내 아이를 돌볼 수 있다.

Check 4 다음 문장을 ter-를 활용해 우리말 뜻에 맞게 바꿔 보세요.

① **Saya tidur di kantor karena cape.**
　_____　나는 힘들어서 사무실에서 잤다.

② **Surat ini tulis dalam bahasa Indonesia.**
　_____　이 서류는 인도네시아어로 작성됐다.

3 makan waktu 시간이 걸리다

'먹다'의 makan과 '시간, 기간'의 waktu가 합쳐져 '얼마만큼의 시간이 걸린다'라고 표현한다.

Makan waktu 3jam ke Yokyakarta dengan mobil.　차로 족자카르타까지 3시간 걸린다.
Membuat laporan penjual **makan waktu** dua hari.　판매 보고서를 작성하는 데 이틀이 걸렸다.

Pesawat 비행기　　mobil 자동차　　bus 버스　　sepeda motor 오토바이　　jalan kaki 도보　　sepeda 자전거

Check 5 다음 문장을 우리말로 바꿔 보세요.

① **Dari Korea ke Indonesia makan waktu 7jam dengan pesawat.**
_____

② **Makan waktu 4jam untuk cuci mobil.**
_____

③ **Makan waktu 10menit dengan jalan kaki.**
_____

④ **Pertemuan ini akan makan waktu 2jam.**
_____

⑤ **Makan waktu 1jam untuk makan siang.**
_____

04
끝장 마무리

A [보기]에서 알맞은 단어를 골라 빈칸에 써넣으세요.

[보기]

| belok | kasih | terletak |

1 Rumah sakit _____ di belakang Gedung ini.

2 Dia sudah _____ tahu saya jalan ke Monas.

3 Anda _____ kiri di depan restoran ABC.

B 주어진 단어를 우리말 뜻에 맞게 배열해 보세요.

4 rumah / apakah / dari / jauh / Anda / sini   당신 집은 여기에서 먼가요?

5 kasih / jalan / tahu / ke / kantor / Anda / tolong   당신 회사로 가는 길을 알려주세요.

6 bank / terbuka / Korea / jam / pada / 9 / pagi   한국은행은 아침 9시에 열려 있다.

C 다음 문장을 우리말로 바꿔 보세요.

7 Makan waktu 6jam ke Singapura dengan pesawat.

8 Bioskop terletak di seberang rumah sakit.

9 Permisi, apakah ada restoran di dekat sini?

10 Belok kanan sesudah lewat toko swalayan.

HiEnglish

Role-Play

D 다음 지도를 보고, [보기]와 같이 짝과 함께 목적지에 가는 법을 묻고 대답해 보세요.

[보기]

A: Permisi, tolong kasih tahu saya jalan ke toko buku.
실례합니다. 서점 가는 법을 알려주세요.

B: Berjalan lurus di jalan ini kemudian belok kiri di perempatan ke dua.
이 길로 직진해서 두 번째 사거리에서 좌회전하세요.

❶번과 ❷번의 위치도 말해 보세요.

E 다음 지도를 보고, [보기]와 같이 짝과 함께 목적지에 가는 법을 묻고 대답해 보세요.

[보기]

30분(30menit)　　5분(lima menit)　　10분(sepuluh menit)　　20분(dua puluh menit)

A: Makan waktu berapa lama untuk pergi ke kota?
B: Kira-kira 30menit dengan jalan kaki.

시내까지 가는 데 얼마나 걸리나요?
도보로 대략 30분 걸려요.

Culture Tip

무언가를 가리킬 때는 엄지손가락으로!

한국과 달리 인도네시아에서 무언가를 가리킬 때는 엄지손가락을 사용한다. 주먹을 쥔 상태에서 엄지를 펴서 원하는 방향으로 가리키면 된다. 현지인과 대화를 할 때 자리를 권한다거나 물건을 가리킬 때 사용한다. 또한 자리에 앉을 때 책상다리를 하고 여자는 다리를 포개고 앉으며 피곤할 때는 '인제 그만 했으면 좋겠다'라는 뜻으로 손바닥을 펴 이마에 갖다 대면서 "capek deh(짜뻬 데)~"라고 말한다. 그리고 우리말로 '누워서 떡 먹기'라는 의미로 집게손가락을 엄지손가락에 튕기는 행위를 한다. 마지막으로 '골치 아프다, 헷갈린다'는 뜻으로 인상을 쓰며 양 손바닥을 관자놀이에 대는 제스처를 한다.

UNIT 12

회의_
Inilah data untuk produk baru kami.

★ 이번 과에서 배울 주요 표현을 살펴보세요.

MP3 12-01

 제품을 소개할 때

> **Inilah data untuk produk baru perusahaan kami.**
> 이닐라   다따   운뚝   쁘로둑   바루   쁘루사한   까미.
> 이것은 우리 회사의 새로운 제품에 대한 자료입니다.

 상품 주문 수량을 물을 때

> **Berapa kuantitas minimum untuk sekali pesanan?**
> 브라빠   꾸안띠따쓰   미니뭄   운뚝   스깔리   쁘싸난?
> 한 번에 최소 주문 수량은 얼마입니까?

> **Anda bisa pesan minimum**
> 안다   비사   쁘싼   미니뭄
> **10buah untuk setiap pesanan.**
> 스뿔루 부아   운뚝   스띠압   쁘싸난.
> 매 주문마다 최소 10개씩 주문할 수 있습니다.

01 단어 끝장내기

MP3 12-02

mari 마리	자~합시다	**perhatian** 쁘르하띠안	관심
mulai 물라이	시작하다	**luar biasa** 루아르 비아사	보통이 아닌, 훌륭하다
rapat 라빳	회의, 모임	**lewat** 레왓	~을 통하여, ~을 경유하여
data 다따	자료, 데이터	**pertanyaan** 쁘르따냐안	질문
produk 쁘로둑	제품	**tentang** 뜬땅	~에 관하여
beri 브리	주다	**kuantitas** 꾸안띠따쓰	양, 수량
per 쁘르	~씩	**minimum** 미니뭄	최소
presentasi 쁘레쎈따씨	발표	**Pesan** 쁘싼	주문
selama 슬라마	~동안, ~하는 동안	**sekali** 스깔리	한 번
mengucapkan 믕우짭깐	표현하다	**menghubungi** 믕후붕이	연락하다

Check 1 다음 우리말에 맞는 인도네시아어 낱말을 쓰세요.

① 발표 _____   ② 질문 _____
③ 회의 _____   ④ 주문 _____
⑤ 최소 _____   ⑥ 관심 _____

02 회화 끝장내기

A 대화문을 읽고 말해 보세요.

1 두리 씨가 회의에 참석해 새 상품에 관해 발표하려 한다.

Duri: **Halo, semuanya. Apa kabar. Mari kita mulai rapat!**
할로. 스무아냐. 아빠 까바르? 마리 끼따 물라이 라빳!

Canti: **Ya, silakan mulai.**
야. 실라깐 물라이.

Duri: **Inilah data untuk produk baru perusahaan kami.**
이닐라 다따 운뚝 쁘로둑 바루 쁘루사한 까미.
Tolong berikan kepada semua orang.
똘롱 브리깐 끄빠다 스무아 오랑.

Canti: **Satu per satu orang?**
사뚜 쁘르 사뚜 오랑?

Duri: **Ya, benar. Saya akan mempresentasikan selama 15menit.**
야. 브나르. 사야 아깐 음쁘레센따시깐 슬라마 리마블라스 므닛.

Canti: **Ya, silakan mulai.**
야. 실라깐 물라이.

Plus 학습

회의와 관련된 표현

· **Apakah semua orang sudah hadir?** 모든 사람이 참석했나요?
· **Terima kasih atas kehadiran Anda.** 참석해주셔서 감사합니다.
· **Bagaimana pendapat Anda?** 당신의 의견은 어떤가요?
· **Saya setuju dengan pendapat Anda.** 당신의 의견에 동의합니다.
· **Ada pertanyaan?** 질문 있습니까?

ceramah 강연   kehadiran 참석   pendapat 의견   nasehat 충고, 권고
setuju 찬성하다   menunda 연기하다   memutuskan 결정하다   Kecewa 실망하다

2 짠띠 씨는 두리 씨가 발표한 신제품에 관심을 갖는다.

Duri: **Presentasi saya sampai di sini. Saya mengucapkan terima**
쁘레쎈따씨 사야 삼빠이 디 시니. 사야 응우짭깐 뜨리마

kasih atas perhatian Anda.
까시 아따쓰 쁘르하띠안 안다.

Canti: **Produk baru Anda luar biasa.**
쁘로둑 바루 안다 루아르 비아사.

Duri: **Terima kasih! Apakah ada pertanyaan tentang produk baru?**
뜨리마 까시! 아빠까 아다 쁘르따냐안 뜬땅 쁘로둑 바루?

Canti: **Ya, berapa kuantitas minimum untuk sekali pesan?**
야. 브라빠 꾸안띠따쓰 미니뭄 운뚝 스깔리 쁘싼?

Duri: **Anda bisa memesan minimum 10buah untuk setiap pesan.**
안다 비사 므므싼 미니뭄 스뿔루 부아 운뚝 스띠압 쁘싼.

Canti: **Ya, kami diskusi dulu dan akan menghubungi lewat e-mail.**
야. 까미 디쓰꾸씨 둘루 단 아깐 응후붕이 레왓 이메일.

Check 2 본문 내용과 일치하면 O표, 일치하지 않으면 X표를 하세요.

① **Duri melakukan presentasi selama 50menit.**   (   )
② **Produk baru sangat bagus.**   (   )

03 어법 끝장내기

1 접두사 me-

인도네시아어에서 가장 어려운 부분은 접사이다. 그 중 접두사 me-는 숙지를 꼭 해야 한다. 왜냐하면 인도네시아어 사전에는 어근을 기준으로 단어를 배열하기 때문이다. 또한 어근에 붙는 접두사에 따라 단어의 기능이 달라지기 때문이다.

어근의 첫 자 b, p	어근의 첫 자 c, d, j, t	어근의 첫 자 g, h, k	어근의 첫 자 s	어근의 첫 자 l, m, n, r, w 등
mem-	men-	meng-	meny-	me-
baca 읽다.	cari 찾다.	hapus 지우다.	sapu 빗자루, 먼지떨이	masak 요리하다.
membaca 읽다.	mencari 찾다.	menghapus 지우다.	menyapu 쓸다.	memasak 요리하다.
Pilih 고르다.	dorong 밀다.	kirim 보내다.	sokong 지지대	yakin 확신하는
memilih 고르다.	mendorong 밀다.	mengirim 보내다.	menyokong 지지하다.	menyakin 확신하다.

Check 3 다음 단어를 접두사 me-를 활용해 바꿔 보세요.

① bayar _____   ② jawab _____

2 권유, 허용의 표현 silakan

상대방에게 권유를 하거나 무언가에 대한 허용을 표현할 때 silakan을 문장 앞에 붙인다.

A: **Silakan** minum susu ini.   이 우유를 마시세요. (권유)
B: Biya, terima kasih.   네, 감사합니다.

A: Apakah saya boleh mulai presentasi?   발표를 시작해도 될까요?
B: Ya, **silakan** mulai.   네, 시작하셔도 좋습니다. (허용)

Check 4   다음 문장을 인도네시아어로 바꿔 보세요.

① 이 의자에 앉으시고 조금만 기다려 주세요.   _____
② 일이 끝났다면 퇴근하세요.   _____

3 -lah를 활용한 명령문

인도네시아어에서 명령문을 강조할 때 의미를 부드럽게 하기 위해 -lah를 사용한다.

평서문		명령문	
Makan nasi goreng.	나시고랭을 먹는다.	Makanlah nasi goreng!	나시고랭을 먹어라!
Berangkat ke bandara.	공항으로 출발하다.	Berangkatlah ke bandara!	공항으로 출발해라!
Pergi ke sekolah.	학교에 가다.	Pergilah ke sekolah!	학교에 가라!

Check 5   다음 문장을 명령문으로 바꿔 보세요.

① **Mulai di depan semua orang.**
_____

② **Turun dari mobil.**
_____

③ **Makan kue ini.**
_____

④ **Masuk ke kamar itu.**
_____

⑤ **Tidur sekarang.**
_____

04
끝장 마무리

A [보기]에서 알맞은 단어를 골라 빈칸에 써넣으세요.

[보기]

luar biasa	diskusi	mulai

1 Rapat dengan perusahaan ABC sudah _____.

2 Kami akan _____ tentang produk baru.

3 Mutu produk baru ini _____.

B 주어진 단어를 우리말 뜻에 맞게 배열해 보세요.

4 data / produk / tentang / ini / kami / baru   이 자료는 우리의 새 제품에 관련된 자료입니다.
_____

5 mulai / akan / rapt / pada / jam / 3sore   회의가 3시에 시작됩니다.
_____

6 jika / Anda / minumlah / obat / sakit   당신이 아프다면 약을 드세요!
_____

C 다음 문장을 우리말로 바꿔 보세요.

7 Rapat akan mulai pada jam 9 pagi dan selesai dalam 2jam.
_____

8 Kami harus diskusi tentang produk baru.   _____

9 Kasihlah semua data kepada kepala tim.   _____

10 Istirahatlah 5menit.   _____

Role-Play

D 짝과 함께 [보기]와 같이 회사의 새 제품을 소개해 보세요.

[보기]

Ini adalah produk baru kami.
이것은 우리 회사의 새 제품입니다.

Produk ini untuk wanita.
이 제품은 여성을 위한 것입니다.

Desain produk ini secara modern dan ada 5 macam warna.
이 제품은 현대적이고 5가지 색상이 있습니다.

E 회의 정보를 보고, 인도네시아어로 짝에게 정보를 전달해 보세요.

Pemberitahuan konten rapat

Waktu: Tanggal 15 Mei, jam 10 pagi
Tempat: Gedung A, lantai 6, ruang rapat nomor 102.
Konten: Aturan baru untuk waktu kerja.

회의 내용에 대한 통보

시간: 5월 15일, 아침 10시
장소: A빌딩, 6층, 회의실 102호
내용: 근무시간에 대한 새 규정

시간과 장소를 바꿔 말해 보세요.

Culture Tip

딸은 아버지가 남긴 음식을 먹으면 안 돼요.

인도네시아는 국가법, 종교법, 관습법 이렇게 세가지로 분류가 된다. 국가법은 네덜란드의 식민 통치시대의 법을 상당 부분 수용하여 현재까지도 사용하고 있다. 이슬람 국가인 인도네시아에서 종교법이 가장 강력하게 적용되는 부분은 혼인 관계이다. 무슬림은 무슬림과 혼인을 해야 하며 일부 다처제가 가능하고 딸은 아버지가 남긴 음식을 먹으면 안 되는데 그 이유는 딸이 아버지의 남긴 음식을 먹을 경우 결혼을 하지 못할 것이라는 미신을 믿는 관습이 있기 때문이다. 물론 무슬림이 아닌 사람에게는 국가법만 적용되지만 이슬람 신자들에게는 국가법과 종교법 두 가지가 동시에 적용된다.

UNIT 13

협상_
Beri tambah diskon 5persen untuk perusahaan kami.

★ 이번 과에서 배울 주요 표현을 살펴보세요.

MP3 13-01

 제품 가격을 흥정할 때

Beri tambah diskon 5persen
브리 땀바 디스꼰 리마 쁘르쎈
untuk perusahaan kami.
운뚝 쁘루사한 까미.
저희 회사에 5% 추가 할인을 해주세요.

 제품 가격을 제시할 때

Kalau kami dapat tambah diskon 5persen,
깔라우 까미 다빳 땀바 디스꼰 리마 쁘르쎈
akan pesan lebih dari 500buah.
아깐 쁘싼 르비 다리 리마라뚜쓰 부아.
만약 추가로 5%를 할인해 준다면 500개 이상을 주문할 것입니다.

Kalau 5persen tidak bisa.
깔라우 리마 쁘르쎈 띠닥 비사.
Bagaimana tambah 2persen?
바가이마나 땀바 두아 쁘르쎈?
5%는 힘들어요. 2%를 추가 할인해 주는 것은 어떤가요?

01 단어 끝장내기

pikir 삐끼르	생각, 의견	**sadar** 사다르	알고 있는
harga 하르가	가격, 값	**mitra** 미뜨라	동료, 파트너
terlalu 뜰랄루	지나치게, 너무	**berhasil** 브르하씰	성공하다, ~을 해내다
mahal 마할	가격이 높은	**usulan** 우쑬란	제안, 제안한 것
tambah 땀바	더하다, 추가되다	**terima** 뜨리마	받다, 받아들이다
mengerti 믕으르띠	알아듣다, 이해하다	**warna** 와르나	색, 색깔
persen 쁘르쎈	퍼센트	**cocok** 쪼쪽	어울리는, 부합하는
tanya 따냐	묻다, 질문하다	**kebutuhan** 끄부뚜한	필요, 필요한 것
kerja sama 끄르자 사마	협력, 협동	**tergantung** 뜨르간뚱	~에 달려있다
harap / semoga 하랍 스모가	바라다, 기원하다	**berikut** 브르이꿋	다음, ~와 함께하다

Check 1 다음 우리말에 맞는 인도네시아어 낱말을 쓰세요.

① 이해하다 _____   ② 색깔 _____
③ ~에 달려있다 _____   ④ 동료 _____
⑤ 질문하다 _____   ⑥ 추가되다 _____

UNIT 13 협상_ Beri tambah diskon 5persen untuk perusahaan kami.

02 회화 끝장내기

A 대화문을 읽고 말해 보세요.

1 짠띠 씨가 두리 씨에게 전화로 상품 가격에 대하여 이야기하고 있다.

Canti: **Halo, bisa saya bicara dengan Duri?**
할로, 비사 사야 비짜라 등안 두리?

Duri: **Saya Duri. Bisa saya bantu?**
사야 두리. 비사 사야 반뚜?

Canti: **Kami pikir harga produk yang kami mau pesan terlalu mahal.**
까미 비끼르 하르가 쁘로둑 양 까미 마우 쁘산 뜰랄루 마할.

Duri: **Tidak begitu mahal. Kami sudah memberi banyak diskon**
띠닥 브기뚜 마할. 까미 수다 믐브리 바냑 디스꼰
untuk produk itu.
운뚝 쁘로둑 이뚜.

Canti: **Beri tambah diskon 5persen untuk perusahaan kami.**
브리 땀바 디스꼰 리마 쁘르쎈 운뚝 쁘루사한 까미.

Duri: **Wah, dengan harga itu belum bisa. Produk ini terlaris dan**
와, 등안 하르가 이뚜 블룸 비싸. 쁘로둑 이니 뜰라리쓰 단
jumlah stok juga ada Cuma sedikit.
줌라 스똑 주가 아다 쭈마 스디낏.

Canti: **Kami sudah lama kerja sama dengan perusahaan Anda.**
까미 수다 라마 끄르자 사마 등안 쁘루사한 안다.
Kami harap bisa dapat tambah diskon.
까미 하랍 비사 다빳 땀바 디스꼰.

Duri: **Kami juga sadar kalian adalah mitra baik.**
까미 주가 사다르 깔리안 아달라 미뜨라 바익.
Semoga usulan Anda diterima oleh direktur kami.
스모가 우쑬란 안다 디뜨리마 올레 디렉뚜르 까미.

Canti: **Ya, terima kasih. Semoga semua sukses.**
야. 뜨리마 까시. 스모가 스무아 쑥쎄쓰.

Plus 학습

협상과 관련된 표현

· **Harga produk itu terlalu mahal.**
그 제품의 가격이 너무 비싸요.

· **Itu tidak cocok dengan persyaratan kami.**
그것은 우리의 조건과 맞지 않아요.

· **Produk ini sudah harga pas.** 이 제품은 정가입니다.

인도네시아 현장 Tip_ "BOSS"

인도네시아인들은 성격이 여유롭고 굉장히 친근하다. 그래서 처음 만나는 사람들에게 낯을 잘 가리지 않는 편이며 서로를 높여주는 의미로 "BOSS"라는 말을 농담처럼 자주 사용한다. 물론 공식적인 자리에서는 잘 사용하지 않으며 흔히 사석에서 서로 대화할 때 사용한다.

2 두리 씨와 짠띠 씨가 상품 가격 협상을 하고 있다.

Canti: **Saya pikir produk model nomor 3 yang warna merah itu cocok**
사야 삐끼르 쁘로둑 모델 노모르 띠가 양 와르나 메라 이뚜 쪼쪽
untuk kebutuhan kami. Produk ini dapat diskon atau tidak?
운뚝 끄부뚜한 까미. 쁘로둑 이니 다빳 디스꼰 아따우 띠닥?

Duri: **Itu tergantung berapa banyak kalian pesan.**
이뚜 뜨르간뚱 브라빠 바냑 깔리안 쁘산.

Canti: **Kalau kami dapat tambah diskon 5persen, akan pesan lebih**
깔라우 까미 다빳 땀바 디스꼰 리마 쁘르쎈, 아깐 쁘산 르비
dari 500buah.
다리 리마라뚜쓰 부아.

Duri: **Kalau 5persen tidak bisa. Bagaimana tambah 2persen.**
깔라우 리마 쁘르쎈 띠닥 비사. 바가이마나 땀바 두아 쁘르쎈.

Canti: **Oke.**
오께.

Duri: **Hanya kali ini kami kasih dengan harga ini. Tetapi dari**
하냐 깔리 이니 까미 까시 등안 하르가 이니. 뜨따삐 다리
kontrak berikutnya kami akan menyesuaikan harga.
꼰뜨락 브리꿋냐 까미 아깐 므니으수아이깐 하르가.

Canti: **Ya, saya mengerti. Saya senang negosiasi kami berhasil.**
야. 사야 믕으르띠. 사야 스낭 네고씨아씨 까미 브르하씰.

Check 2   본문 내용과 일치하면 O표, 일치하지 않으면 X표를 하세요.

① **Canti harap dapat tambah diskon 5persen untuk perusahaan dia.**   (   )
② **Harga produknya tergantung berapa banyak mereka pesan.**   (   )

03 어법 끝장내기

1 부사 terlalu

인도네시아어에서 terlalu는 형용사 앞에 위치하여 매우, 몹시, 너무, 지나친 등의 뜻으로 표현한다.

Harga produk ini mahal.	이 제품의 가격은 비싸다.
Harga produk ini terlalu mahal.	이 제품의 가격은 너무 비싸다.
Ruang rapat itu kecil.	그 회의실은 작다.
Ruang rapat itu terlalu kecil.	그 회의실은 너무 작다.
Saya lapar.	나는 배고프다.
Saya terlalu lapar.	나는 몹시 배고프다.
Barang itu murah dan bagus.	저 물건은 싸고 좋다.
Barang itu terlalu murah dan terlalu bagus.	저 물건은 너무 싸고 매우 좋다.

Check 3 다음 문장을 terlalu를 활용해 우리말에 맞게 바꿔 보세요.

① **Gaji saya kecil.**
_____ 나의 봉급이 너무 적다.

② **Adik laki-laki saya kurus.**
_____ 제 남동생은 너무 말랐어요.

2 형용사

besar 큰 브싸르	**kecil** 작은 끄찔	**muda** 젊은 무다	**tua** 늙은 뚜아
mahal 비싼 마할	**murah** 싼 무라	**baru** 새로운 바루	**lama** 오래된 라마
berat 무거운 브랏	**ringan** 가벼운 링안	**gampang** 쉬운 감빵	**susah** 어려운 수싸
pendek 키가 작은 뻰덱	**tinggi** 키가 큰 띵기	**lapar** 배고픈 라빠르	**kenyang** 배부른 끄냥
kurus 마른 꾸루쓰	**gemuk** 뚱뚱한 그묵	**pintar** 똑똑한 삔따르	**bodoh** 멍청한 보도

Check 4   다음 빈칸에 알맞은 단어를 써 보세요.

① **Dia paling _____ di kelas ini.**   그는 이 반에서 가장 똑똑하다.
② **Adik saya lebih _____ daripada saya.**   내 동생은 나보다 키가 작다.

3 부사 agak, lumayan, sama sekali, tidak begitu

agak 약간	lumayan 꽤	sama sekali 전혀 ~않다	tidak begitu 그다지 ~않다
아각	루마얀	사마 스깔리	띠닥 브기뚜

Pakaian ini bagus.	이 옷은 좋다.
Pakaian ini agak bagus.	이 옷은 약간 좋다.
Pakaian ini lumayan bagus.	이 옷은 꽤 좋다.
Pakaian ini sama sekali tidak bagus.	이 옷은 전혀 좋지 않다.
Pakaian ini tidak begitu bagus.	이 옷은 그다지 좋지 않다.

Check 5   다음 문장을 우리말로 바꿔 보세요.

① **Produk itu agak murah tapi lumayan bagus.**
_____

② **Saya tidak begitu tinggi dan gemuk.**
_____

04
끝장 마무리

A [보기]에서 알맞은 단어를 골라 빈칸에 써넣으세요.

[보기]

diskon	berhasil	mengerti

1. Bisnis kami lumayan _____.
2. Saya sudah memberi banyak _____ untuk Anda.
3. Saya kurang _____ data ini.

B 주어진 단어를 우리말 뜻에 맞게 배열해 보세요.

4. lumayan / produk / ini / bagus / baru   이 새 제품은 꽤 좋다.
   _____

5. baju / merah / warna / cocok / lebih / dengan / Anda   빨간색 옷이 당신과 더 어울립니다.
   _____

6. semoga / bisa / dapat / diskon / kami   우리는 할인을 받기를 바랍니다.
   _____

C 다음 문장을 우리말로 바꿔 보세요.

7. Bagaimana kalau pesan lebih dari 10buah? _____

8. Harga itu sudah murah dan pas. _____

9. Kepala tim kami lumayan baik dengan kami. _____

10. Canti paling muda di kantor. _____

HiEnglish

Role-Play

D 짝과 함께 [보기]와 같이 제품 가격에 대해서 협상을 해 보세요.

[보기]

A: Jika kami dapat diskon, akan pesan lebih dari 500buah.
만약 우리가 할인을 받는다면 500개 이상을 주문할게요.

B: Mau dapat diskon berapa persen?
얼마만큼의 할인을 받고 싶으세요?

A: Kami ingin dapat 7persen.
우리는 7%의 할인을 받고 싶어요.

B: Wah, terlalu besar. Bagaimana 4persen?
와, 너무 커요. 4%는 어때요?

A: Oke. 좋습니다.

E 다음 주어진 정보를 보고 주문을 해 보세요.

Surat pesanan

- Nama dan nomor produk: Produk Indonesia / nomor 712 / warna merah
- Jumlah / Kuantitas: 500buah
- Alamat: Jakarta Indonesia

주문서

- 모델/제품명과 번호: 인도네시아 / 712번 제품 / 빨간색
- 수량: 500개
- 주소: 자카르타, 인도네시아

Culture Tip

루피아(Rupiah)와 루피는 달라요.

인도네시아는 Rupiah(루피아)라는 화폐 단위를 사용한다. 인도네시아를 인도와 착각하는 사람이 많듯 루피아 역시 인도의 루피와 같다고 생각을 하는 사람이 많지만 완전히 다른 화폐이다. 은행 등에서 IDR이라고 표기를 하며 일반적으로는 Rp라고 줄여서 표기한다. 2019년 상반기 기준 1000 루피아는 약 850원의 가치가 있다. 지폐는 100, 500, 1,000, 5,000, 10,000, 20,000, 50,000, 100,000Rp까지 8종류가 있다. 금액에 따라 크기가 다르며, 일반적으로 금전 거래 시 훼손된 지폐를 꺼리기 때문에 환전할 때 지폐의 손상도를 미리 확인하는 것이 좋다. 동전은 5, 10, 25, 50, 100, 500Rp 6종류가 있다. 5, 10Rp 동전은 희귀하여 수집가들에게 인기 있다.

UNIT 13 협상_ Beri tambah diskon 5persen untuk perusahaan kami.

UNIT 14

여행_
Saya ingin berwisata ke Indonesia.

★ 이번 과에서 배울 주요 표현을 살펴보세요.

 관광지를 추천할 때

Saya ingin pergi ke pantai atau gunung.
사야 잉인 쁘르기 끄 빤따이 아따우 구눙.
저는 해변이나 산으로 가고 싶어요.

Kalau begitu saya rekomendasi Bali.
깔라우 브기뚜 사야 레꼬멘다씨 발리.
그렇다면 저는 발리를 추천할게요.

 여행 일정을 물을 때

Kapan Anda mau pergi?
까빤 안다 마우 쁘르기?
언제 가고 싶으세요?

01 단어 끝장내기

berwisata 브르위사따	관광하다	**tur** 뚜르	투어, 여행
beberapa 브브라빠	몇몇의, 몇 개의	**transportasi** 뜨란쓰뽀르따씨	교통수단
tempat 뜸빳	장소, 공간	**paket perjalanan** 빠껫 쁘르잘라난	패키지 여행
tempat wisata 뜸빳 위사따	여행지	**biro perjalanan** 비로 쁘르잘라난	여행사
terkenal 뜨르끄날	유명한	**taksi** 딱씨	택시
pantai 빤따이	해변	**kereta** 끄레따	기차
gunung 구눙	산	**kereta bawah tanah** 끄레따 바와 따나	지하철
cara 짜라	방법, 방식	**naik** 나익	오르다, 타다
kapal laut 까빨 라웃	배	**pemandu** 쁘만두	가이드
laut 라웃	바다	**peta** 뻬따	지도

Check 1   다음 우리말에 맞는 인도네시아어 낱말을 쓰세요.

① 관광하다 _____   ② 교통수단 _____
③ 유명한 _____   ④ 여행사 _____
⑤ 방법 _____   ⑥ 배 _____

02 회화 끝장내기

A 대화문을 읽고 말해 보세요.

> **1** 두리 씨가 짠디 씨에게 인도네시아 여행지를 추천해 달라고 합니다.

Duri: **Saya ingin berwisata ke Indonesia. Tolong rekomendasi**
사야 잉인 브르위사따 끄 인도네시아. 똘롱 레꼬멘다씨
beberapa tempat wisata yang terkenal.
브브라빠 뜸빳 위사따 양 뜨르꺼날.

Canti: **Di Indonesia ada banyak tempat wisata yang indah seperti**
디 인도네시아 아다 바냑 뜸빳 위사따 양 인다 스쁘르띠
pulau Lombok, Yokyakarta, dan Bandung.
뿔라우 롬복, 욕야까르따, 단 반둥.

Duri: **Saya ingin pergi ke pantai atau gunung.**
사야 잉인 쁘르기 끄 빤따이 아따우 구눙.

Canti: **Kalau begitu saya rekomendasi pulau Lombok.**
깔라우 브기뚜 사야 레꼬멘다씨 뿔라우 롬복.
Pemandangannya sangat indah.
쁘만당안냐 상앗 인다.

Duri: **Bagaimana cara pergi ke situ?**
바가이마나 짜라 쁘르기 끄 시뚜?

Canti: **Anda bisa pergi ke situ dengan pesawat atau kapal laut.**
안다 비사 쁘르기 끄 시뚜 등안 쁘사왓 아따우 까빨 라웃.

Plus 학습

여행과 관련된 표현

· **Apa Anda sudah pernah berwisata Jakarta?**
당신은 자카르타 여행을 해본 적이 있습니까?

· **Naik apa?**
무엇을 타고 가나요?

· **Tolong rekomendasi saya restoran terkenal.**
유명한 음식점을 추천해 주세요.

· **Saya mau check-out kamar nomor 201.**
저는 201호 방을 체크아웃하고 싶어요.

인도네시아 현장 Tip_ 그랩(GRAB)

그랩(GRAB)은 동남아를 중심으로 하는 사설 택시 애플리케이션이다. 일반 택시와 다르게 애플리케이션으로 출발지와 목적지를 검색하면 주변에 있던 그랩(GRAB)이 나를 데리러 온다. 최대 장점은 교통 상황과 관계없이 출발할 때부터 거리로 측정된 요금이 정해져 있다. 그래서 차가 꽉꽉 막히는 자카르타 시내에서 미터기에 요금 올라가는 것을 보며 마음 졸이는 일은 이제 없다.

tempat penjualan tiket 매표소 **biaya** 비용 **tempat tujuan** 목적지
liburan / cuti 휴가 **melihat-lihat** 구경하다 **memotret** 사진 찍다

2 두리 씨가 여행사에서 여행사 직원과 대화한다.

Duri: Halo, saya mau pesan tur ke pulau Lombok.
할로, 사야 마우 쁘싼 뚜르 끄 뿔라우 롬복.

Petugas: Halo, silakan datang. Kami ada tur ke pulau Lombok setiap
할로, 실라깐 다땅. 까미 아 뚜르 끄 뿔라우 롬복 스띠압

hari. Kapan Anda mau pergi?
하리. 까빤 안다 마우 쁘르기?

Duri: Saya mau pergi tanggal 20 juni sampai tanggal 25.
사야 마우 쁘르기 땅갈 두아뿔루 주니 삼빠이 땅갈 두아뿔루 리마.

Petugas: Mau pergi dengan transportasi apa?
마우 쁘르기 등안 뜨란쓰뽀르따씨 아빠?

Duri: Saya mau pergi dengan kapal laut. Berapa lama dari sini?
사야 마우 쁘르기 등안 까빨 라웃. 브라빠 라마 다리 시니?

Petugas: Kurang lebih 1jam.
꾸랑 르비 사뚜 잠.

Check 2 본문 내용과 일치하면 O표, 일치하지 않으면 X표를 하세요.

① Sandra rekomendasi Bali, Jakarta, dan Bandung.   (   )
② Ada tur ke pulau Rombok Cuma hari sabtu.   (   )

03 어법 끝장내기

1 접두사 ber-

인도네시아어를 공부할 때 me-와 ber-를 구분하기 어려워하는 경우가 많다. me-는 보통 타동사 그리고 ber-는 자동사를 나타낼 때 사용된다. 물론 예외인 경우도 있기에 단어의 어근과 기능을 잘 숙지할 필요가 있다. ber-는 (1) 어떠한 행위를 할 때 (2) 소유할 때 (3) 무언가를 사용하거나 착용할 때 그리고 (4) 언어를 구사할 때 등의 경우에 사용된다.

① 행위를 하다	Mereka berwisata Seoul.	그들은 서울을 관광한다.
	Pak Tono bertemu dengan istrinya.	또노 씨는 그의 아내와 만났다.
② 소유하다	Dia berbadan kurus.	그는 몸이 말랐다.
	Durian berkulit warna kuning.	두리안의 껍질은 노란색이다.
③ 착용 / 사용하다	Adik saya berkacamata.	내 동생은 안경을 착용했다.
	Dia berbaju merah.	그는 빨간색 옷을 입었다.
④ 구사하다	Saya berbahasa Korea.	나는 한국 말을 한다.
	Dia berbahasa Indonesia dengan lancar.	그는 인도네시아어를 유창하게 한다.

Check 3   다음 문장을 우리말로 바꿔 보세요.

① **Saya berjalan kaki ke sekolah.** _____
② **Adik laki-laki suka bermain sepak bola.** _____

2 교통수단 alat transportasi

Mobil 자동차 모빌	Sepeda motor 오토바이 스뻬다 모또르	Bus 버스 비쓰/부쓰	Kereta api 기차 끄레따 아삐	Dokar 마차 도까르
Bajaj 삼륜 오토바이 바자이	Taksi 택시 딱씨	Pesawat 비행기 쁘싸왓	Kapal 배/선박 까빨	Becak 3륜 인력거 배짝

Setiap hari saya naik bus ke sekolah.   매일 나는 버스를 타고 학교로 갑니다.
Saya tidak pernah naik becak.   나는 배짝(3륜 인력거)를 타본 적이 없습니다.

Check 4   다음 문장을 인도네시아어로 바꿔 보세요.

① 제 애인은 군청색 옷을 입었습니다. _____
② 저는 저 갈색 비행기를 탈 겁니다. _____

3 kurang lebih 대략

'모자라는' 의미의 kurang과 '~보다 더, 더 많은'의 의미를 가진 lebih가 만나면 '대략' 이라는 의미를 가진 새로운 낱말이 된다. 비슷한 단어로는 sekitar와 kira-kira가 있다.

Jarak antara Jakarta dan Bali kurang lebih / sekitar / kira-kira 1500km.
자카르타와 발리 사이의 거리는 대략 1500km이다.

Dalam ruang rapat ada kurang lebih / sekitar / kira-kira 20orang.
회의실 안에는 대략 20명의 사람이 있다.

Gedung ini umurnya kurang lebih / sekitar / kira-kira 20tahun.
이 건물은 대략 20년 됐다.

Check 5   알맞은 곳에 kurang lebih를 쓰세요.

① **Di kantor ini ada 50karyawan.** _____
② **Hotel ini ada 200kamar.** _____

04 끝장 마무리

A [보기]에서 알맞은 단어를 골라 빈칸에 써넣으세요.

[보기]

| tempat wisata | kapal laut | biro perjalanan |

1 Pergi dengan naik pesawat atau _____.
2 Saya sudah pesan tur di _____.
3 Di Korea ada banyak _____.

B 주어진 단어를 우리말 뜻에 맞게 배열해 보세요.

4 baik / lebih / transportasi / naik / umum.   대중교통을 이용하는 것이 나아요.
_____

5 tur / Jakarta / ke / kami / ada / setiap / jumat / hari   자카르타 투어가 매주 금요일에 있습니다.
_____

6 makan / waktu / lama / berapa / dari / ke / Seoul / sini   여기서 서울까지 얼마나 걸립니까?
_____

C 다음 문장을 우리말로 바꿔 보세요.

7 Keluarga kami berliburan di Bandung. _____

8 Biaya perjalanan ke Bali lebih mahal daripada Jakarta.
_____

9 Di hotel ini ada kurang lebih 500tamu.
_____

10 Saya sering naik bajaj ke kantor. _____

Role-Play

D [보기]와 같이 자신이 알고 있는 관광 명소를 소개해 보세요.

[보기]

Saya akan memperkenalkan Borobudur.
보로부두르를 소개할게요.

Borobudur adalah tempat wisata terkenal di Yokyakarta.
보로부두르는 족자카르타에 유명한 관광지입니다.

Borobudur sudah tercatat di UNESCO.
보로부두르는 유네스코에 등재되었습니다.

E [보기]와 같이 인도네시아 여행 투어를 예약해 보세요.

[보기]

Jakarta

Bali

Bandung

Yokyakarta

Saya mau pesan tur ke Jakarta.　　나는 자카르타에 가는 여행 투어를 예약하고 싶어요.

Culture Tip

자카르타의 인생 샷을 찍을 수 있는 최고의 지점!

자카르타 하면 대부분 후진국의 수도를 떠올리겠지만 실제로는 전혀 그렇지 않다. 수많은 고층 빌딩과 신식 건물들이 나열해 있으며 곳곳의 역사가 담긴 건물들은 과거와 현재가 공존하는 느낌을 준다. 밤의 야경은 그 어느 나라의 야경보다 아름답다. 이러한 아름다운 야경을 더욱 즐기기 위해서는 고층 빌딩에 있는 루프톱 스카이 라운지에서 저녁 식사와 간단한 칵테일을 즐기며 만끽하기를 추천한다. 그중 스카이 라운지 'Skye'는 어두운 조명과 고급스러운 분위기 조성으로 자카르타 밤의 야경을 제대로 즐길 수 있는 명소이다. 특히 SNS를 하는 사람들에게는 루프톱에 있는 수영장과 시내의 야경을 배경으로 인생 샷을 건질 수 있는 최고의 지점이다!

UNIT 15

쇼핑_
Berapa harga untuk 1 kemeja batik?

★ 이번 과에서 배울 주요 표현을 살펴보세요.

1 가격을 물을 때

> **Berapa harga untuk 1 kemeja batik?**
> 브라빠   하르가   운뚝   사뚜   끄메자   바띡?
> 바틱 셔츠 한 장에 얼마예요?

2 흥정할 때

> **Wah, terlalu mahal! Berilah saya diskon sedikit.**
> 와, 뜰랄루 마핱! 브릴라 사야 디쓰꼰 스디낏.
> 아, 너무 비싸요! 저한테 조금만 깎아주세요.

> **Okelah. Kalau begitu saya kasih 2ribu rupih diskon.**
> 오깰라. 깔라우 브기뚜 사야 까시 두아 리부 루삐아 디쓰꼰.
> 좋아요. 그렇다면 제가 2천 루피아 할인해 드리죠.

01 단어 끝장내기

HiEnglish

oleh-oleh 올레–올레	선물, 기념품	**mewah** 메와	고급스러운, 사치스러운
khas 까쓰	특별한, 특수한	**cari** 짜리	찾다
khusus 꾸쑤쓰	특별한, 특수한	**kemeja** 끄메자	셔츠, 남성 셔츠
produk khas 쁘로둑 꾸쑤쓰	특산품	**mutu** 무뚜	품질
batik 바띡	바틱(천)	**kualitas** 꾸알리따쓰	품질
kopi luak 꼬삐 루악	루왁 커피	**daerah** 다에라	지역
kerajinan 끄라지난	수공예품	**wilayah** 윌라야	지역
ukiran 우끼란	조각, 조각품	**jawa** 자와	자바
kayu 까유	나무, 목재	**solo** 쏠로	솔로
bilang 빌랑	말하다	**palembang** 빨렘방	팔렘방

Check 1 다음 우리말에 맞는 인도네시아어 낱말을 쓰세요.

① 기념품 _____   ② 지역 _____
③ 특산품 _____   ④ 셔츠 _____
⑤ 조각 _____   ⑥ 고급스러운 _____

02
회화 끝장내기

A 대화문을 읽고 말해 보세요.

1 두리 씨가 출장 후, 한국에 돌아가기 전 가족에게 줄 선물을 사고 싶어 한다.

Duri: **Saya mau beli oleh-oleh untuk keluarga saya sebelum pulang ke Korea. Apa Anda bisa rekomendasi produk khas Indonesia?**
사야 마우 블리 올레-올레 운뚝 끌루아르가 사야 스블룸 뿔랑 끄 꼬레아. 아빠 안다 비사 레꼬멘다씨 쁘로둑 까쓰 인도네시아?

Canti: **Produk khas Indonesia adalah batik, kopi luak dan kerajinan ukiran kayu.**
쁘로둑 까쓰 인도네시아 아달라 바띡, 꼬삐 루악 단 끄라지난 우끼란 까유.

Duri: **Orang-orang bilang batik Indonesia sangat istimewa dan mewah.**
오랑 오랑 빌랑 바띡 인도네시아 상앗 이스띠메와 단 메와.

Canti: **Ya, betul. Tetapi susah cari toko yang jual batik.**
야. 브똘. 뜨따삐 수싸 짜리 또꼬 양 주알 바띡.

Duri: **Saya harus ke mana kalau ingin beli batik?**
사야 하루쓰 끄 마나 깔라우 잉인 블리 바띡?

Canti: **Biasanya jual di toko khusus batik atau toko bebas pajak.**
비아사냐 주알 디 또꼬 꾸쑤쓰 바띡 아따우 또꼬 베바쓰 빠작.

Duri: **Berapa harga untuk 1 kemeja batik?**
브라빠 하르가 운뚝 사뚜 끄메자 바띡?

Canti: **Kalau mutunya bagus kurang lebih 5ribu rupiah.**
깔라우 무뚜냐 바구쓰 꾸랑 르비 리마 리부 루삐아.

Plus 학습

쇼핑과 관련된 표현

· **Berapa harga ini?** 이것은 얼마예요?
· **Saya mau beli ini.** 나는 이것을 사고 싶어요.
· **Bisa bayar dengan kartu kredit?** 신용카드로 결제할 수 있나요?
· **Ada warna lain?** 다른 색깔이 있어요?
· **Ada ukuran lebih besar?** 더 큰 사이즈가 있나요?

toko swalayan 슈퍼마켓   kasir 계산대   pelanggan 고객   bon 영수증
kartu kredit 신용카드   uang tunai 현금   uang kembali 거스름돈   terjual / terjual habis 매진

2 두리 씨가 바틱 전문 가게에서 바틱을 사고자 한다.

Duri: Halo, saya mau beli batik.
할로. 사야 마우 블리 바띡.

Petugas: Selamat datang. Toko kami jual batik dari daerah Jawa,
슬라맛 다땅. 또꼬 까미 주알 바띡 다리 다에라 자와,

Solo dan Palembang.
쏠로 단 빨렘방.

Duri: Saya mau beli batik dari daerah Jawa. Berapa harganya?
사야 마우 블리 바띡 다리 다에라 자와. 브라빠 하르가냐?

Petugas: Satu helai kemeja harganya 10ribu rupiah.
사뚜 흘라이 끄메자 하르가냐 스뿔루 리부 루삐아.

Duri: Wah, terlalu mahal. Berilah saya diskon sedikit!
와, 뜰랄루 마할. 브릴라 사야 디쓰꼰 스디낏!

Petugas: Okelah. Kalau begitu saya kasih 2ribu rupih diskon.
오껠라. 깔라우 브기뚜 사야 까시 두아 리부 루삐아 디쓰꼰.

인도네시아 현장 Tip_ 쇼핑 정보

인도네시아는 전 세계에서 쇼핑몰이 가장 많은 나라이다. 인도네시아에서 물건을 살 때 주의해야 할 점은 외국인에게 가격을 터무니없이 높게 부르는 경우가 있는데 단번에 구매하면 손해를 볼 수 있다. 물론 쇼핑몰 안에 있는 상점은 예외이나 개인이 하는 가게 또는 길거리에서 물건을 구매할 때는 조심해야 하고 흥정을 꼭 해볼 필요가 있다. 관광객들은 현지의 화폐 가치를 잘 몰라 한국 돈으로 환산해서 구매를 하므로 저렴하다고 생각하지만 주의할 필요가 있다.

Check 2 본문 내용과 일치하면 O표, 일치하지 않으면 X표를 하세요.

① Batik jual di toko khusus batik.   (   )
② Duri mau beli batik dari daerah solo.   (   )

03 어법 끝장내기

1 금액 표현

10단위는 Puluh, 100단위는 Ratus, 1000단위는 Ribu, 100만 단위는 Juta, 10억 단위는 Miliar, 1조 단위는 Triliun으로 표현한다. 인도네시아는 우리말과 달리 천 단위를 표시하는 경우, 컴마(,)를 쓰지 않고 마침표(.)를 쓴다. 숫자를 읽을 때는 마침표 기준으로 세자리(100) 숫자를 읽은 후 그 단위에 해당하는 기수를 읽으면 된다.

100	1,000	10,000	100,000
Seratus 스라뚜스	Seribu 스리부	Sepuluh ribu 스뿔루 리부	Seratus ribu 스라뚜스 리부
1,000,000	10,000,000	십억	조
Satu juta 사뚜 주따	Sepuluh juta 스뿔루 주따	Miliar 밀리아르	Triliun 뜨릴리운

233.892.231(2억 3389만 2231)=dua ratus tiga puluh tiga juta / delapan ratus sembilan puluh dua ribu / dua ratus tiga puluh satu.

Check 3   다음 숫자를 인도네시아어로 바꿔 보세요.
① 123.354   _____
② 199.758.887   _____

2 sesudah / sebelum ~한 후에 / ~하기 전에

인도네시아어에서 부사 sudah는 '이미, 벌써, 지난' 등의 뜻을 가지고 있다. 여기에 접두사 se가 붙어 '~한 후에'라는 의미의 불변화사 sesudah를 파생시키며, '아직~하지 않은'이라는 뜻의 부사 belum 앞에 접두사 se를 붙여 '~하기 전에'라는 뜻의 불변화사 sebelum을 파생시킨다.

Sesudah makan pagi dia bekerja.   아침 식사를 한 후에 그는 일을 한다.
Sebelum makan siang dia bekerja.   점심 식사를 하기 전에 그는 일을 한다.

Check 4   다음 문장을 우리말로 바꿔 보세요.

① **Sesudah beli batik di toko baju saya pulang ke rumah.**
_____

② **Jangan lupa makan sebelum pergi ke sekolah.**
_____

3 mau / ingin ~하기를 원한다

인칭대명사나 사람을 가리키는 명사 뒤에 mau 혹은 ingin을 위치시켜 '누가~하기 원하다'라는 표현으로 사용한다.

Mahasiswa baru ingin berbicara dengan profesor.	새로 온 대학생은 교수님과 이야기하고 싶어 한다.
Saya mau beli batik di toko khusus batik.	나는 바틱 전문점에서 바틱을 사고 싶습니다.
Karyawan mau pulang cepat hari ini.	직원들은 오늘 일찍 퇴근하고 싶어 한다.

Check 5   다음 문장을 우리말로 바꿔 보세요.

① **Kami ingin dapat tabah diskon.**   _____

② **Saya mau beli mobil baru.**   _____

04
끝장 마무리

A [보기]에서 알맞은 단어를 골라 빈칸에 써넣으세요.

[보기]

khusus	daerah	khas

1 Apa Anda bisa rekomendasi prouk _____ Korea?

2 Produk itu jual di cuma toko _____.

3 Orang tua saya berasal dari _____ Solo.

B 주어진 단어를 우리말 뜻에 맞게 배열해 보세요.

4 lupa / jangan / ambil / kembali / uang   거스름돈 챙기는 것을 잊지 마세요.
_____

5 daerah / batik / jawa / paling / dan / mewah / bagus   자바 지역 바틱이 가장 고급스럽고 좋아요.
_____

6 jual / biasanya / di / swalayan / toko   보통 슈퍼마켓에서 팔아요.
_____

C 다음 문장은 우리말로 바꾸고 숫자는 인도네시아어로 바꿔 보세요.

7 Bayarnya di kasir.
_____

8 Pelanggan itu masih belum bayar untuk kopi luak.
_____

9 297.333   _____

10 987.732.994   _____

Role-Play

D 짝과 함께 [보기]와 같이 루왁 커피를 구매하는 대화를 해 보세요.

[보기]

A: Halo, saya ingin beli kopi luak. 안녕하세요. 저는 루왁 커피를 사고 싶어요.
B: Ini kopi luak dari daerah Solo. 여기 솔로 지역 루왁 커피가 있어요.
A: Berapa harganya? 이 커피 가격이 얼마예요?
B: Harganya 10ribu rupiah. 가격은 만 루피아예요.

E 짝과 함께 [보기]와 같이 과일을 구입하는 대화를 해 보세요.

[보기]

1kilo 20ribu rupiah   1kilo 5ribu rupiah   1kilo 15ribu rupiah

A: Saya mau beli durain. Berapa harga untuk 1kilo? 저는 두리안을 사고 싶어요. 1킬로그램에 얼마예요?
B: 1kilo 20ribu rupiah. 1킬로그램에 2만 루피아예요.
A: Terlalu mahal. Bisa kuang? 너무 비싸요. 깎아 주실 수 있나요?
B: Saya kasih diskon 2ribu rupiah. 2천 루피아 할인해 드리죠.

Culture Tip

인도네시아인의 삶이 스며든 바틱 Batik

바틱은 수공으로 염색하는 면직 및 견직 의류의 기법·상징·문화로서 인도네시아인의 삶에 스며들어 있다. 예를 들면, 아기에게 행운을 가져다 주는 상징으로 장식된 바틱 멜빵으로 아기를 업고 다니고, 장례에서는 죽은 자를 바틱으로 감싼다. 일상적인 디자인은 보통 직장이나 학교 다닐 때 입고, 특별한 디자인은 결혼식, 임신, 그림자 인형극과 기타 예술 공연 등에서 입는다. 바틱을 만드는 전통은 인도네시아, 말레이시아, 싱가포르, 인도, 스리랑카, 필리핀, 나이지리아 등 다양한 국가에 존재하지만, 그중 인도네시아의 바틱 공예문화가 가장 잘 알려져 있다. 특히 자바(Jawa) 섬 지역의 바틱 공예 문화는 오랜 역사를 지니고 있으며 패턴의 다양성, 기법, 제작 품질 측면에서 뛰어나다. 2009년에는 유네스코 무형문화재에 등재되었다.

UNIT 16

식당_
Anda mau pesan apa?

★ 이번 과에서 배울 주요 표현을 살펴보세요.

MP3 16-01

1 음식을 주문할 때

Anda mau pesan apa?
안다 마우 뽀싼 아빠?
무엇을 주문하고 싶으세요?

Satu porsi nasi goreng dan satu gelas es teh manis.
사뚜 뽀르씨 나시 고렝 단 사뚜 글라쓰 애쓰 떼 마니쓰
나시고랭 한 그릇과 시원한 홍차 한 잔이요.

2 경험을 물을 때

Apa Anda sudah pernah makan mie goreng?
아빠 안다 수다 뻐르나 마깐 미 고렝?
미고랭을 드셔본 적이 있나요?

01 단어 끝장내기

pelayan 쁠라얀	종업원	**rumah makan** 루마 마깐	식당
nasi 나시	밥	**menu** 므누	메뉴
goreng 고랭	볶다, 튀기다	**kecuali** 끄쭈알리	~을 제외하고, 예외
ayam 아얌	닭	**tanpa** 딴빠	~없이, ~을 제외한
sapi 사삐	소	**bakso** 박쏘	고기완자 요리
maupun 마우뿐	~일지라도	**gelas** 글라쓰	잔, 유리잔
porsi 뽀르씨	그릇, 접시	**cangkir** 짱끼르	머그잔
minuman 미누만	음료	**makanan** 마까난	먹을 것
es 에쓰	얼음	**coba** 쪼바	시도하다
teh 떼	차	**cicip** 찌찝	맛보다, 시식하다

Check 1   다음 우리말에 맞는 인도네시아어 낱말을 쓰세요.

① 종업원 _____   ② 식당 _____
③ 먹을 것 _____   ④ 시도하다 _____
⑤ 차 _____   ⑥ 맛보다 _____

UNIT 16 식당_ Anda mau pesan apa? =139

02 회화 끝장내기

A 대화문을 읽고 말해 보세요.

1 민호 씨가 식당에서 나시고랭을 주문한다.

Pelayan: **Restoran kami ada nasi goreng ayam dan sapi.**
레스또란 까미 아다 나시 고랭 아얌 단 사삐.

Mau pesan apa?
마우 쁘싼 아빠?

Minho: **Nasi goreng yang mana lebih enak?**
나시 고랭 양 마나 르비 에낙?

Pelayan: **Baik nasi goreng ayam maupun sapi enak.**
바익 나시 고랭 아얌 마우뿐 사삐 에낙.

Minho: **Kalau begitu saya pesan satu porsi nasi goreng ayam.**
깔라우 브기뚜 사야 쁘싼 사뚜 뽀르씨 나시 고랭 아얌.

Pelayan: **Bagaimana untuk minuman?**
바가이마나 운뚝 미눔안?

Minho: **Minta satu gelas es teh manis.**
민따 사뚜 글라쓰 애쓰 떼 마니쓰.

Plus 학습

식당과 관련된 표현

· **Di mana rumah makan yang enak?**
맛있는 식당이 어디에 있어요?
· **Semuanya enak.**
다 맛있어요.
· **Minta satu porsi sate ayam.**
닭꼬치 1인분 주세요.
· **Dua porsi nasi capcai dan satu es teh jeruk.**
나시찹차이 두 접시와 귤 주스 한 잔 주세요.

인도네시아 현장 Tip_ 식당 정보

인도네시아에서 가장 흔히 볼 수 있는 식당은 바로 Padang(빠당)이라는 식당이다. 이곳은 쌀밥에 많은 종류의 반찬들을 골라 먹는 곳이다. 보통 숟가락과 포크를 사용하지만 손으로 먹는 문화가 있어 식당에 앉으면 종업원이 물이 담긴 작은 그릇을 준다. 인도네시아가 처음인 사람들은 보통 이 물을 실수로 마시는데 마시는 물이 아니고 식전 손을 씻는 용도이므로 유의해야 한다.

reservasi 예약   makan siang 점심 식사   uang tip / Tip 팁   makanan penutup 디저트
lauk 반찬   masakan 요리   meja makan 식탁   koki 주방장

2 민호 씨가 인도네시아 식당에서 미고랭을 권유받는다.

Minho: **Boleh saya minta menu?**
볼레 사야 민따 믄누?

Pelayan: **Ini menunya. Mau pesan apa?**
이니 믄누냐. 마우 쁘산 아빠?

Minho: **Makanan apa yang paling enak?**
마까난 아빠 양 빨링 에낙?

Pelayan: **Semua enak kecuali bakso. Apa Anda sudah pernah makan**
스무아 에낙 꺼쭈알리 박쏘. 아빠 안다 수다 쁘르나 마깐

mie goreng?
미 고랭?

Minho: **Saya belum pernah makan mie goreng.**
사야 블룸 쁘르나 마깐 미 고랭.

Pelayan: **Wah, Anda harus coba mie goreng restoran kami.**
와. 안다 하루쓰 쪼바 미 고랭 레스또란 까미.

Check 2 본문 내용과 일치하면 O표, 일치하지 않으면 X표를 하세요.

① **Baik nasi goreng ayam maupun sapi enak.**   (   )
② **Minho belum pernah coba mie goreng.**   (   )

03 어법 끝장내기

1 baik ~ maupun ··· ~뿐만 아니라 ···도 역시

baik ~ maupun ···는 '~뿐만 아니라 ···도 역시'라는 의미로 사용된다.

Baik Minho **maupun** Jinyoung bekerja di perusahaan ABC.
민호 씨뿐만 아니라 진영 씨 역시 ABC회사에서 일한다.
Baik Sandra **maupun** Canti orang Indonesia.
산드라 씨뿐만 아니라 짠띠 씨 역시 인도네시아 사람이다.
Baik Korea **maupun** Amerika negara maju.
한국뿐만 아니라 미국 역시 선진국이다.

> **Check 3** 다음 문장을 인도네시아어로 바꿔 보세요.
> ① 발리뿐만 아니라 자카르타도 역시 관광지이다. _____
> ② 선호뿐만 아니라 민호도 역시 대학생이다. _____

2 접미사 -an

접미사 -an은 어근 뒤에 결합하여 동작에 대한 결과, 목적물, 형용사의 성격 또는 어근의 의미와 관련된 도구 등을 나타낸다. 그러나 접미사 -an이 결합된 단어라고 생각하기보단 하나의 새로운 파생어라고 생각하고 외우는 것이 쉽다.

makan 먹다	makan**an** 먹을 것, 음식	Saya suka makan makan**an** Indonesia. 나는 인도네시아 음식 먹는 것을 좋아한다.
minum 마시다	minum**an** 마실 것, 음료	Saya tidak suka minum minum**an** manis. 나는 단 음료를 마시는 것을 좋아하지 않는다.
manis 단	manis**an** 단 것	Jakarta terkenal dengan manis**an**. 자카르타는 단 간식들로 유명하다.

Check 4 다음 문장을 우리말로 바꿔 보세요.

① **Apa Anda pernah cicip gorengan Jakarta?**
_____

② **Asinan Bogor sangat asin tapi enak.**
_____

3 kecuali ~을 제외하고, 예외의

kecuali란 '~을 제외하고, 예외의' 뜻으로 비슷한 단어로는 tanpa라는 '~없이'의 뜻의 단어가 있다. 차이점이 있으므로 주의해서 사용해야 한다.

Saya suka minum minuman kecuali kopi.	나는 음료 마시는 것을 좋아하지만 커피는 예외이다.
Saya sering minum kopi tanpa gula.	나는 자주 커피에 설탕을 빼고 마신다.
Saya suka makan makanan Indonesia kecuali bakso.	나는 박소를 제외하고 인도네시아 음식을 좋아한다.
Saya suka makan tanpa garam.	나는 소금 없이 먹는 것을 좋아한다.

Check 5 다음 문장을 우리말로 바꿔 보세요.

① **Adik saya tidak bisa tidur tanpa guling.**
_____

② **Saya sudah pernah makan semua makanan Indonesia kecuali asinan.**
_____

04
끝장 마무리

A [보기]에서 알맞은 단어를 골라 빈칸에 써넣으세요.

[보기]

kecuali	baik ~ maupun ...	dapur

1 _____ Sangwoo _____ Sandra orang rajin.
2 Koki sedang ada di _____.
3 Makanan restoran itu semua eank _____ sate ayam.

B 주어진 단어를 우리말 뜻에 맞게 배열해 보세요.

4 yang / nasi / mana / lebih / goreng / eank 어떤 나시고랭이 더 맛있습니까?
_____

5 coba / Anda / harus / kami / restoran / makan / makanan
당신은 우리 식당 음식을 먹어봐야 합니다.
_____

6 maupun / baik / Cina / Korea / maju / negara / adalah 중국뿐만 아니라 한국 역시 선진국입니다.
_____

C 다음 문장을 우리말로 바꿔 보세요.

7 Saya sudah reservasi atas nama Agus. _____
8 Saya ingin coba menu khas restoran ini. _____
9 Rumah makan ini terkenal di jalan ini. _____
10 Masakan koki baru luar biasa enak. _____

HiEnglish

Role-Play

D 짝과 함께 [보기]와 같이 식당에서 음식을 주문해 보세요.

[보기]

A: Mau pesan apa?
무엇을 주문하시겠어요?

B: Kami mau pesan dua porsi nasi goreng.
나시고랭 두 그릇을 주문할게요.

E 짝과 함께 [보기]와 같이 음식을 구입하는 대화를 해 보세요.

[보기]

Rendang

Sate ayam

Mie goreng

A: Mau makan apa?
B: Saya akan makan rendang.

무엇을 먹을 거예요?
저는 렌당을 먹을 거예요.

Culture Tip

'빠사르 빠쁘링안' 세트 메뉴 부탁해요.

인도네시아는 동남아시아에서 먹거리가 가장 많은 나라라고 해도 과언이 아니다. 전통 음식을 시작해 길거리 음식 그리고 각 지역마다 특색 있는 음식을 꼭 즐겨봐야 한다. 그중 자카르타 맛집으로는 중부 멘뗑 지역에 있는 'KAUM(까움)'이라는 식당을 추천한다. 자바 지역의 맛있는 전통 요리를 즐길 수 있으며 단체석이 완비되어 있어 모임 및 회식 장소로도 정말 좋다. 세트 요리와 코스 요리가 있어서 대화를 나누며 현지 주방장의 맛있는 자바 전통 요리들을 맛볼 수 있는 곳이다. 그 중 뜨망궁의 전통 요리에서 영감을 받은 '빠사르 빠쁘링안'이라는 세트 메뉴는 메인 코스 요리를 시작으로 디저트까지 제공되는 훌륭한 요리이다. 가격 또한 부담 없이 즐길 수 있는 적절한 가격대이다. 자카르타를 방문한다면 한 번쯤은 이곳에서 식사할 것을 추천한다.

UNIT 17

병원_
Anda sakit di mana?

★ 이번 과에서 배울 주요 표현을 살펴보세요.

MP3 17-01

1 상태를 묻고 병 증상을 말할 때

Anda sakit di mana?
안다 사낏 디 마나?
어디가 아프세요?

Perut saya sakit sekali.
쁘룻 사야 사낏 스깔리.
제 배가 너무 아파요.

2 약 복용법을 물을 때

Bagaimana cara minum obat ini?
바가이마나 짜라 미눔 오밧 이니?
이 약을 어떻게 복용하나요?

01 단어 끝장내기

sakit 사낏	아픈, 병든	**badan** 바단	몸
dokter 독떠르	의사	**tenggorokan** 뜽고록깐	목
perut 쁘룻	배, 복부, 위	**demam** 드맘	열
sejak 스작	~부터, ~이래	**resep** 레쎕	처방전
menurut 므누룻	~에 의하면, ~에 따르면	**panas** 빠나쓰	열이 있는
kena 끄나	닿다, ~와 접촉하다	**kadang-kadang** 까당-까당	가끔
racun 라쭌	독, 독약	**batuk** 바뚝	기침
keracunan makan 끄라쭈난 마깐	식중독	**masuk angin** 마숙 앙인	감기
memeriksa 므므릭싸	검사하다, 관찰하다	**obat** 오밧	약, 약물
gara-gara 가라-가라	~때문에, 이유로	**yaitu** 야이뚜	즉, 말하자면

Check 1 다음 우리말에 맞는 인도네시아어 낱말을 쓰세요.

① 배 _____   ② 감기 _____
③ 식중독 _____   ④ 처방전 _____
⑤ 기침 _____   ⑥ 열 _____

UNIT 17 병원_ Anda sakit di mana? =147

02 회화 끝장내기

A 대화문을 읽고 말해 보세요.

1 두리 씨가 배가 아파 병원을 찾는다.

Dokter: **Silakan masuk. Anda sakit di mana?**
실라깐   마숙.   안다   사낏   디   마나?

Duri: **Selamat siang, dokter. Perut saya sakit sekali.**
슬라맛   씨앙   독떠르.   쁘룻   사야   사낏   스깔리.

Dokter: **Sejak kapan perut Anda sakit?**
스작   까빤   쁘룻   안다   사낏?

Duri: **Sejak kemarin malam perut saya sakit. Sesudah makan**
스작   끄마린   말람   쁘룻   사야   사낏.   스수다   마깐

malam dengan teman saya.
말람   등안   뜨만   사야.

Dokter: **Menurut saya Anda kena keracunan makanan atau**
므누룻   사야   안다   끄나   끄라쭈난   마까난   아따우

kebanyakan makan. Coba saya memeriksa.
끄바냐깐   마깐.   쪼바   사야   므므릭싸.

Duri: **Semalam saya tidak bisa tidur gara-gara sakit perut.**
스말람   사야   띠닥   비사   띠두르   가라-가라   사낏   쁘룻.

Plus 학습

병원과 관련된 표현

- Apakah ada rumah sakit di dekat sini?   이 근처에 병원이 있습니까?
- Pergilah ke rumah sakit terdekat.   제일 가까운 병원으로 가 주세요.
- Tolong panggil ambulans.   구급차를 불러 주세요.
- Sakit kepala dan demam.   머리가 아프고 열이 난다.
- Letih dan tidak ada nafsu makan.   피곤하고 입맛이 없다.

UGD(Unit Gawat Darurat) 응급실   jam praktik 진료 시간   darah 피   hamil 임신
golongan darah 혈액형   alergi 알레르기   nyeri (콕콕)찌르는

인도네시아 현장 Tip_ 응급 상황에는 118

한국에서 화재나 환자의 응급 상황에서는 119로 전화를 해서 화재신고를 하거나 환자를 병원으로 이송하지만 인도네시아에서 화재의 경우 113으로 소방서에 신고하면 되며 환자의 응급 상황일 경우에는 118로 구급차를 부르면 된다.

2 의사 선생님이 짠띠 씨에게 약을 처방한다.

Canti: Dokter, badan saya tidak enak. Tenggorokan saya sakit.
독떠르, 바단 사야 띠닥 에낙. 뜽고록깐 사야 사낏.

Dokter: Apakah ada demam?
아빠까 아다 드맘?

Canti: Ya, badan saya agak panas. Kadang-kadang batuk juga.
야. 바단 사야 아각 빠나쓰. 까당-까당 바뚝 주가.

Dokter: Sepertinya Anda masuk angin. Ini resep obatnya.
스쁘르띠냐 안다 마숙 앙인. 이니 레쎕 오밧냐.

Canti: Terima kasih. Bagaimana cara minum obat ini?
뜨리마 까시. 바가이마나 짜라 미눔 오밧 이니?

Dokter: Anda minum obat ini setelah setiap makan, Yaitu 3 kali
안다 미눔 오밧 이니 스뜰라 스디압 마깐. 야이뚜, 띠가 깔리

dalam 1 hari.
달람 사뚜 하리.

Check 2   본문 내용과 일치하면 O표, 일치하지 않으면 X표를 하세요.

① **Canti ke rumah sakit gara-gara sakit perut.**   (   )
② **Canti harus minum obat sebelum makan.**   (   )

03 어법 끝장내기

1 tubuh 신체

'아프다'라는 의미의 sakit을 신체 부위 앞에 위치시키면 '~가 아프다'라는 의미이다.

kepala 머리 끄빨라	mata 눈 마따	hidung 코 히둥	mulut 입 물룻
gigi 이 기기	telinga 귀 뜰링아	tenggorokan 목 뜽고로깐	dada 가슴 다다
perut 배 쁘룻	tangan 손 땅안	lengan 팔 릉안	bahu 어깨 바후
pinggang 허리 삥강	kaki 다리 까끼	lutut 무릎 루뚯	pergelangan kaki 발목 쁘르글랑안 까끼

Sakit gigi. 이가 아프다.   **Sakit kaki.** 다리가 아프다.   **Sakit dada.** 가슴이 아프다.

> **Check 3**   다음 문장을 우리말로 바꿔 보세요.
>
> ① Saya pergi ke dokter gigi gara-gara sakit gigi.
> _____
>
> ② Adik saya sakit kepala karena kebanyakan belajar.
> _____

2 penyakit dan gejala 질병과 증상

masuk angin 감기 마숙 앙인	sakit kepala 두통 사낏 끄빨라	sakit perut 복통 사낏 쁘룻	sakit gigi 치통 사낏 기기
urtikaria 두드러기 우르띠까리아	sembelit 변비 슴블릿	menceret 설사 맨쯔렛	tekanan darah tinggi 고혈압 뜨까난 다라 띵기
asma 천식 아쓰마	sesak napas 호흡 곤란 스삭 나빠쓰	muntah 구토 문따	mual 멀미 무알
luka memar 타박상 루까 므마르	malaria 말라리아 말라리아	flu burung 조류독감 플루 부룽	kanker 암 깡꺼르

Check 4 다음 문장을 우리말로 바꿔 보세요.

① **Kakek sebelah ayah saya ada tekanan darah tinggi.**
_____

② **Gejala malaria adalah mual dan muntah.**
_____

3 yaitu 다시 말해

yaitu란 우리말의 '즉', '다시 말해', '말하자면'이라는 뜻으로 앞 문장을 부연 설명할 때 자주 사용한다.

Anggota keluarga saya empat orang, yaitu ayah, ibu, adik perempuan dan saya.
제 가족은 4명입니다. 즉 아버지, 어머니, 여동생 그리고 저입니다.

Di Korea ada empat musim, yaitu musim semi, panas, gugur dan dingin.
한국에는 4계절이 있습니다. 즉 봄, 여름, 가을, 겨울입니다.

Check 5 주어진 단어를 우리말 뜻에 맞게 배열해 보세요.

① **musim hujan / musim kering / Di Indonesia / dua musim / yaitu / ada / dan**
인도네시아에는 두 개의 계절이 있다. 즉 우기와 건기이다.
_____

② **Pernah / berwisata / tiga / negara / Cina / Jepang / Belanda / saya / dan / yaitu**
나는 3개 나라를 여행해 본 적이 있다. 즉 중국, 일본 그리고 네덜란드이다.
_____

04
끝장 마무리

A [보기]에서 알맞은 단어를 골라 빈칸에 써넣으세요.

[보기]
| penyakit | bahu | masuk angin |

1. Sejak kapan _____ Anda sakit?
2. Sepertinya ibu saya _____.
3. Nenek saya _____ jantung.

B 주어진 단어를 우리말 뜻에 맞게 배열해 보세요.

4. tidak / tidur / gara-gara / bisa / menceret   설사 때문에 잠을 못 잤다.
_____

5. badan / enak / kurang / dan / batuk   몸이 좋지 않고 기침을 한다.
_____

6. cara / bagaimana / minum / ini / obat   이 약을 어떻게 먹어야 하나요?
_____

C 다음 문장을 우리말로 바꿔 보세요.

7. Sejak kemarin malam kaki saya sakit sekali.
_____

8. Gejala flu burung adalah demam dan menceret.
_____

9. Minum obat ini setiap makan siang, yaitu satu kali dalam satu hari.
_____

10. Luka memar ketika main sepak bola.   _____

HiEnglish

Role-Play

D 짝과 함께 [보기]와 같이 의사와 환자 역할을 해 보세요.

[보기]

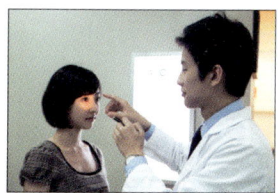

A: Anda sakit di mana?   어디가 아프세요?
B: Saya sakit mata.   눈이 아파요.
A: Sejak kapan mata Anda sakit?   언제부터 눈이 아팠어요?
B: Sejak kemarin malam.   어젯밤부터 아팠어요.
A: Minum obat ini setelah setiap makan, Yaitu 3 kali dalam 1 hari.
    이 약을 매 식사 후에 드세요. 즉 하루에 세 번이에요.
B: ya, terima kasih dokter.   네, 감사합니다 의사선생님.

E 사진을 보고, 짝과 함께 [보기]와 같이 환자의 병의 증상을 묻고 말해 보세요.

[보기]

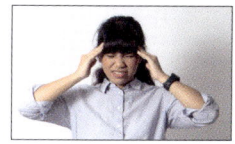 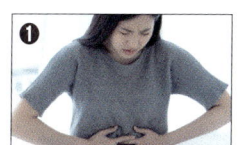❶ ❷

A: Anda sakit di mana?
   어디가 아프세요?
B: Saya sakit kepala.
   저는 머리가 아파요.

Culture Tip

호랑이 연고, Tiger balm이 있나요?

인도네시아를 처음 방문하면 분명 apotek과 optik구분을 잘못하는 사람들이 많을 것이다. 심지어 발음까지 비슷하다. 하지만 이 두 단어의 차이점을 알고 사용해야 한다. 우리가 보통 가는 약국을 apotek이라 부르고 optik은 안경 전문점을 말한다. 인도네시아 약국은 한국의 개인 약국과 달리 프랜차이즈 형식이다. 그중 Century라는 약국이 가장 유명하며 이곳에서는 의약품뿐만 아니라 피부, 미용, 다이어트 식품 등 관련 제품들을 판매한다. 인도네시아를 갈 때 몇 가지 약 이름은 알고 가는 것이 좋다. 우선 항생제는 Amoxillin을 찾으면 되고 한국의 물파스를 능가하는 효과의 호랑이 연고, 바로 Tiger balm이 있다. 이는 한국으로 돌아올 때 선물용으로도 나쁘지 않다. 그리고 인도네시아인들 사이에서 만병통치약으로 불리는 Minyak kayu putih는 식물성 오일로 두통, 근육통, 코막힘 등 아픈 부위에 기름을 발라주면 좋다. 현지인들은 감기에 걸렸을 때 이 오일을 몸에 바르고 마사지를 한다. 배탈이 났을 때는 Po Chai Pills가 최고로 효과적이며 일명 '빨간약'이라 불리는 상처 소독약이 필요하다면 Betadine을 찾으면 된다.

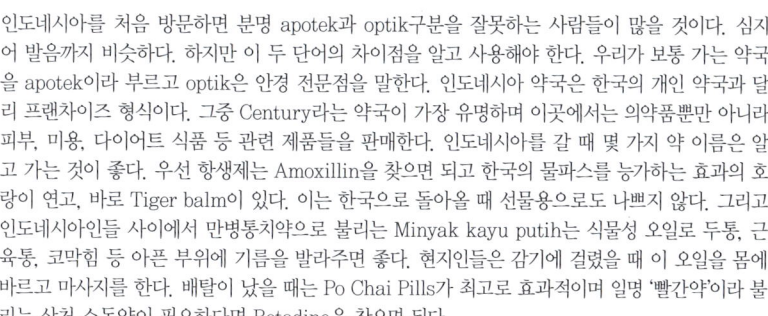

UNIT 18

은행_
Halo, saya ingin menukar uang.

★ 이번 과에서 배울 주요 표현을 살펴보세요.

1 환전할 때

Uang apa yang Anda ingin menukarkan?
우앙 아빠 양 안다 잉인 므누까르깐?
어떤 돈으로 환전하고 싶으세요?

Saya ingin tukar uang Korea dengan uang Indonesia.
사야 잉인 뚜까르 우앙 꼬레아 등안 우앙 인도네시아.
저는 한국 돈을 인도네시아 돈으로 환전하고 싶어요.

2 이자율을 물을 때

Berapa tarif bunga per tahun?
브라빠 따리프 붕아 뻐르 따후난?
연간 이자율이 얼마예요?

01 단어 끝장내기

tukar 뚜까르	바꾸다, 변경하다	**menabung** 므나붕	저축하다
karyawan bank 까리아완 방	은행원	**uang** 우앙	돈
kurs 꾸르쓰	환율	**dolar** 돌라르	달러
buka 부까	열다	**koma** 꼬마	쉼표, 혼수상태
rekening 레끄닝	계좌	**persen** 쁘르쎈	퍼센트
pembayaran 쁨바야란	지불, 납부	**tarik** 따릭	끌어당기다
tabungan 따붕안	저축, 저금	**menarik** 므나릭	매력적인
tarif 따리프	요금, 관세	**saja** 사자	단지, 오직
bunga 붕아	이자, 꽃	**bank** 방	은행
tarif bunga 따리프 붕아	이자율	**pembayar** 쁨바야르	지불자

Check 1 다음 우리말에 맞는 인도네시아어 낱말을 쓰세요.

① 바꾸다 _____   ② 저축하다 _____
③ 계좌 _____   ④ 매력적인 _____
⑤ 지불 _____   ⑥ 은행 _____

02 회화 끝장내기

A 대화문을 읽고 말해 보세요.

1 두리 씨가 한국 돈을 인도네시아 돈으로 환전하고 싶어 한다.

Duri: **Halo, saya ingin menukar uang.**
할로, 사야 잉인 므누까르 우앙.

Karyawan bank: **Halo, uang apa yang Anda ingin menukarkan?**
할로, 우앙 아빠 양 안다 잉인 므누까르깐?

Duri: **Saya ingin tukar uang Korea dengan uang Indonesia.**
사야 잉인 뚜까르 우앙 꼬레아 등안 우앙 인도네시아.

Kursnya berapa hari ini?
꾸르쓰냐 브라빠 하리 이니?

Karyawan bank: **1200rupiah per 1000won. Mau tukar berapa?**
스리부 두아라뚜쓰 루피아 쁘르 스리부 원. 마우 뚜까르 브라빠?

Duri: **Saya ingin tukar 300ribu won.**
사야 잉인 뚜까르 띠가라뚜쓰 리부 원.

Karyawan bank: **Ya, boleh saya minta paspor?**
야, 볼레 사야 민따 빠쓰뽀르?

Plus 학습

은행과 관련된 표현

· **Saya ingin membuka rekening baru.**
저는 새로운 계좌를 개설하고 싶어요.
· **Kemarin saya membuat kartu baru.**
어제 저는 새 카드를 만들었어요.

mengirim uang 돈을 송금하다
buku rekening 통장
total 총액

mengambil uang 돈을 인출하다
kartu kredit 신용카드
saldo 잔액

trasfer uang 계좌 이체
cek 수표
formulir 신청서

인도네시아 현장 Tip_ 경제적인 환전 방법

인도네시아의 화폐(루피아) 가치는 한국의 화폐(원화)보다 가치가 낮다. 귀찮더라도 인도네시아를 방문할 때에 원화에서 달러로 달러에서 루피아로 환전하는 것이 가장 경제적이다. 한국에서 달러로 환전을 한 뒤에 현지 공항이나 은행을 방문해서 루피아로 환전하는 것이 가장 좋은 방법이다.

2 두리 씨가 은행에서 저축 계좌를 개설하고 싶어 한다.

Karyawan bank: Selamat siang. Bisa saya bantu?
슬라맛 씨앙. 비사 사야 반뚜?

Duri: Selamat siang. Saya ingin membuka rekening baru.
슬라맛 씨앙. 사야 잉인 믐부까 레끄닝 바루.

Karyawan bank: Mau buka rekening pembayaran atau tabungan?
마우 부까 레끄닝 쁨바야란 아따우 따붕안?

Duri: Saya ingin membuka rekening tabungan.
사야 잉인 믐부까 레끄닝 따붕안.

Berapa tarif bunga per tahun?
브라빠 따리프 붕아 쁘르 따훈?

Karyawan bank: Kalau menabung dengan uang dolar tarif bunganya
깔라우 므나붕 등안 우앙 돌라르 따리프 붕아냐

5,2% per tahun.
리마 꼬마 두아 쁘르센쁘르 따훈.

Duri: Wah, tarif bunganya sangat menarik. Saya akan menabung
와, 따리프 붕아냐 상앗 므나릭. 사야 아깐 므나붕

dengan dolar saja.
등안 돌라르 사자.

Check 2 본문 내용과 일치하면 O표, 일치하지 않으면 X표를 하세요.

① **Duri ingin tukar uang Korea dengan uang Jepang.** ( )
② **Duri ingin membuka rekening tabungan.** ( )

03 어법 끝장내기

1 접미사 -kan

독자적으로 kan을 표기하는 경우 bukan의 줄임 방식으로 '~이지 않습니까?'라는 의미이다.

bukan으로 표현되는 경우	Anda sudah makankan?	당신은 식사를 하셨죠?

그러나 단어와 결합이 되는 경우 보통 접두사 ber-나 me-와 함께 결합되어 ~하게 만들다, ~해주다 등의 의도를 갖는 단어를 만들어 낸다.

kenal	알다, 익숙하다	Saya berkenalkan istri saya.	제 아내를 소개해 드릴게요.
tukar uang	환전하다	Dia akan menukarkan uang.	그는 돈을 환전할 것이다.
beli baju	옷을 사다	Ayah membelikan baju kepada adik saya. 아버지는 내 동생에게 옷을 사주었다.	
Saya bangun. 나는 일어난다.		Ibu saya membangunkan saya.	어머니는 나를 깨웠다.

Check 3 다음 낱말을 우리말 뜻에 맞게 배열해 보세요.

① **mengotorkan / teman / saya / kamar / saya**   내 친구는 내 방을 더럽혔다.

② **ibu / membacakan / buku / adik / baru**   어머니는 동생에게 새 책을 읽어 주었다.

2 pe-와 pe~an의 활용

어근에 접두사 pe-가 붙어 사람이나 사물을 나타내며 어근에 접두사 pe-와 접미사 -an이 붙어 명사를 파생시킨다.

bayar 지불하다	pembayar 지불자	pembayaran 지불, 납부
kerja 일, 일하다	pekerja 직원	pekerjaan 직업
layan 봉사하다	pelayan 종업원	pelayanan 서비스

Check 4   다음 단어를 pe-와 pe~an을 활용해 바꿔 보세요.

① **tani**(농사)   _____(농부)   _____(농업)
② **malas**(게으르다)   _____(게으른 사람)   _____(게으름)

3 saja

saja는 '단지', '오직'이라는 뜻이지만 보통 대화문에서는 맨 끝에 위치하면서 문장을 부드럽게 하는 역할을 한다. 쉽게 생각해 ~(물결) 표시 역할을 한다고 볼 수 있다.

Saya tentu makan siang dengan Anda.	물론 당신과 함께 점심을 먹을 것입니다.
Saya tentu saja makan siang dengan Anda.	물론 당신과 함께 점심을 먹을 거예요.
Saya pesan nasi goring.	저는 나시고랭을 시킬 것입니다.
Saya pesan nasi goring saja.	저는 나시고랭을 시킬 거예요.
Silakan pulang.	먼저 퇴근하시기 바랍니다.
Silakan pulang saja.	먼저 퇴근하세요.

Check 5   다음 문장을 우리말로 바꿔 보세요.

① **Saya tukar uang Korea dengan dolar saja.**
_____

② **buka rekening tabungan baru saja.**
_____

③ **Pulang ke rumah saja.**   _____

④ **Saya minum kopi saja.**   _____

⑤ **Makan saja dengan teman Anda.**
_____

04
끝장 마무리

A [보기]에서 알맞은 단어를 골라 빈칸에 써넣으세요.

[보기]

| karyawan bank | menarik | menabung |

1. Setiap bulan saya _____ 500ribu rupiah.
2. Perempuan itu sangat _____ .
3. Pekerjaan adik laki-laki saya adalah _____ .

B 주어진 단어를 우리말 뜻에 맞게 배열해 보세요.

4. menukar / saya / ingin / dolar / dengan / uang   나는 달러로 환전하고 싶어요.
_____

5. rekening / membuka / tabungan / menabung / uang / untuk
돈을 저축하기 위해 저축 계좌를 개설한다.
_____

6. bunganya / menarik / tarif / sangat   이자율이 매우 매력적이다.
_____

C 다음 문장을 우리말로 바꿔 보세요.

7. Ibu memandikan adik.   _____
8. Transfer uang kepada pak Tono.   _____
9. Ini buku rekening baru saya.   _____
10. Saya ingin tahu tarif bunga di bank Indonesia.
_____

Role-Play

D 사진을 보고, 짝과 [보기]와 같이 은행에서 환전하는 대화를 해 보세요.

[보기]

600달러

❶ 15만 원

❷ 100만 원

A: Saya ingin tukar dolar dengan uang Indonesia. 　달러를 인도네시아 돈으로 바꾸고 싶어요.
B: Mau tukar berapa? 　얼마나 바꾸고 싶으세요?
A: 600 dolar. 　600달러요.
B: Ini uangnya. 　여기 돈이 있어요.

E 짝과 함께 [보기]와 같이 은행에서 개인 계좌를 개설하는 대화를 해 보세요.

[보기]
A: Halo, saya ingin membuka rekening pribadi. 　안녕하세요. 저는 개인 계좌를 개설하고 싶어요.
B: Boleh saya minta paspor Anda. 　당신의 여권을 주세요.
A: Mau buka rekening pembayaran atau tabungan? 　지불 계좌와 저축 계좌 중 어떤 것을 개설하고 싶으세요?
B: Saya ingin membuka rekening tabungan. 　저축 계좌를 개설하고 싶어요.

Culture Tip

인도네시아 총 수출액의 15%를 차지하는 것은 뭘까요?

인도네시아는 농업국이다. 취업인구로 보나 국민소득으로 보나 농업이 압도적인 비중을 차지한다. 인도네시아의 국토 면적 중 농지면적은 33만 ㎢로 전 국토의 약 20%를 차지하고 있다. 농림업에서는 코코넛, 쌀, 커피, 고구마, 콩, 담배, 차, 천연고무, 옥수수, 파인애플, 바나나의 생산량이 많다. 또한 인도네시아 국토의 73%는 산림지역으로 세계적인 열대 산림자원보유국으로 총 수출액의 15%가 목재류인 최대 목재산업국이기도 하다. 현재는 각종 상공업이 발달되었으며 농업 다음으로 제조업, 전기 및 가스, 교통(차량이나 오토바이)산업, 물류, 정보통신, 금융 등의 산업이 빠르게 발달하고 있다. 과거보다 국민이 더 잘살고 있지만, 빈부 격차는 아직도 심한 상태이다. (2019년 기준)

UNIT 19

축하_
Selamat atas promosi Anda.

★ 이번 과에서 배울 주요 표현을 살펴보세요.

MP3 19-01

1 승진을 축하할 때

Selamat atas promosi Anda.
슬라맛   아따쓰   쁘로모씨   안다
당신의 승진을 축하합니다.

Terima kasih.
뜨리마   까시
고맙습니다.

2 결혼을 축하할 때

Selamat menempuh hidup baru.
슬라맛   므늠뿌   히둡   바루
결혼 축하합니다.

01 단어 끝장내기

tampak 땀빡	보이다, 나타나다	**membahagiakan** 음바하기아깐	행복하게 하다
membuat 음부앗	만들다	**menghadiri** 믕하디리	참석하다
gembira 금비라	기쁜, 행복한	**pernikahan** 쁘르니까한	결혼식
barusan 바루싼	방금	**memiliki** 므밀리끼	소유하다, 획득하다
promosi 쁘로모씨	승진, 진급	**kesempatan** 끄씀빳딴	기회
menjadi 믄자디	~직책을 맡다	**menikah** 므니까	결혼하다
kepala 끄빨라	머리, 우두머리	**menempuh** 므늠뿌	부딪치다, 들이닥치다
mengundang 믕운당	초대하다	**hidup** 히둡	삶, 인생
anggota 앙고따	구성원	**kali** 깔리	회, 번
keren 끄랜	멋지다	**kartu undangan** 까르뚜 운당안	초대장

Check 1   다음 우리말에 맞는 인도네시아어 낱말을 쓰세요.

① 보이다 _____   ② 기회 _____
③ 초대하다 _____   ④ 결혼하다 _____
⑤ 구성원 _____   ⑥ 삶 _____

02 회화 끝장내기

A 대화문을 읽고 말해 보세요.

1 민호 씨가 산드라 씨의 승진을 축하한다.

Minho: **Anda tampak senang sekali hari ini. Ada apa yang membuat**
안다 땀빡 스낭 스깔리 하리 이니. 아다 아빠 양 음부앗

Anda sangat gembira?
안다 상앗 금비라?

Sandra: **Barusan saya dipromosikan menjadi kepala.**
바루산 사야 디쁘로모씨깐 믄자디 끄빨라.

Minho: **Wah, selamat atas promosi Anda.**
와, 슬라맛 아따쓰 쁘로모씨 안다.

Sandra: **Terima kasih. Saya akan mengundang anggota tim kami**
뜨리마 까시. 사야 아깐 믕운당 앙고따 띰 까미

untuk makan siang di restoran jaya.
운뚝 마깐 씨앙 디 레스또란 자야.

Minho: **Wah, keren. Semoga selalu ada hal yang membahagiakan**
와. 끄렌. 스모가 슬랄루 아다 할 양 믐바하기아깐

Anda.
안다.

Sandra: **Terima kasih banyak.**
뜨리마 까시 바냑.

Plus 학습

축하와 관련된 표현

- **Selamat ulang tahhun!** 생일을 축하합니다!
- **Selamat tahun baru!** 새해를 축하합니다! / 새해 복 많이 받으세요!
- **Selamat atas pembukaan usaha!** 개업 / 개점을 축하합니다!
- **Selamat hari raya idul fitri!** 금식기 명절을 축하합니다!

selamatan 축하연	peringatan 기념
acara 행사	pesta 파티
pidato 연설	bonus 성과급
rendah hati 겸손한	menetapkan 확정하다

인도네시아 현장 Tip_ 결혼식 문화

인도네시아는 거대 섬나라이며 수많은 민족으로 구성된 나라이다. 따라서 지역마다, 민족마다 결혼식 문화가 다 다르다. 그 중 자바는 수도 자카르타가 있고, 전체 인구의 절반 이상이 거주하는데, 무엇보다 결혼식이 아름답기로 유명하다. 인도네시아의 결혼식 문화는 결혼식 전, 결혼식 그리고 결혼식 후로 나누어진다. 결혼식 전에는 이슬람식 예배를 드리며 결혼식 당일에는 신부와 신랑 집 두 곳에서 두 번의 결혼식이 이루어진다. 당일에는 보통 서약, 감사 인사, 행진, 만찬 등을 즐기고 결혼식 후에는 가족뿐만 아니라 모든 지인과 함께 파티 하면서 결혼식이 끝난다.

2 민호 씨가 산드라 씨의 결혼 예정일을 듣고 그녀를 축하한다.

Sandra: **Pernahkah Anda menghadiri pernikahan di Indonesia?**
쁘르나까 안다 믕하디리 쁘르니까한 디 인도네시아?

Minho: **Belum pernah. Saya ingin memiliki kesempatan untuk hadir pernikahan di Indonesia.**
블룸 쁘르나. 사야 잉인 므밀리끼 끄슴빠딴 운뚝 하디르 쁘르니까한 디 인도네시아.

Sandra: **Kalau begitu datang ke pernikahan saya akhir minggu ini.**
깔라우 브기뚜 다땅 끄 쁘르니까한 사야 악히르 밍구 이니.

Minho: **Oh, Anda menikah akhir minggu ini? Selamat menempuh hidup baru.**
오 안다 므니까 악히르 밍구 이니? 슬라맛 므늠뿌 히둡 바루.

Sandra: **Terima kasih. Ini kartu undangannya.**
뜨리마 까시. 이니 까르뚜 운당안냐.

Minho: **Cantik sekali. Ini pertama kali saya diundang oleh orang Indonesia.**
짠띡 스깔리. 이니 쁘르따마 깔리 사야 디운당 올레 오랑 인도네시아.

Check 2   본문 내용과 일치하면 O표, 일치하지 않으면 X표를 하세요.

① **Sandra dipromosikan menjadi kepala.** (　)
② **Sandra akan menikah akhir minggu ini.** (　)

03 어법 끝장내기

1 3인칭 수동형

3인칭 수동형의 경우 동사 앞에 me- 대신 접두사 di를 붙이고 '~에 의하여'라는 뜻의 oleh를 위치시킨 후 3인칭 대명사를 위치시킨다. (주어+di~+oleh+3인칭)

Pak Tono membeli mobil baru. 또노 씨는 새 차를 샀다.
Mobil baru dibeli oleh pak Tono. 새 차는 또노 씨에 의해 구매되었다.

Mereka membaca buku. 그들은 책을 읽는다.
Buku dibaca oleh mereka. 책은 그들에 의해 읽혀졌다.

> **Check 3** 다음 문장을 수동형으로 바꿔 보세요.
>
> ① **Pak Agus membuka kamar saya.**
> _____
>
> ② **Dia menulis laporan penjual.**
> _____

2 관계사 yang

관계사 yang은 '~한, ~은, ~는' 등의 의미로서 뒤에 따르는 문장이 앞 문장을 설명한다. yang의 활용법을 숙지하면 긴 문장을 구사할 수 있게 된다.

- **Orang yang baik** 착한 사람 + **Orang yang tinggal di rumah bagus** 좋은 집에 사는 사람
- → **Orang yang baik yang tinggal di rumah bagus** 좋은 집에 사는 착한 사람

- **Teman yang gemuk** 뚱뚱한 친구 + **Teman yang suka makan nasi goring** 나시고랭 먹는 것을 좋아하는 친구
- → **Teman yang gemuk yang suka makan nasi goring** 나시고랭 먹는 것을 좋아하는 뚱뚱한 친구

Check 4 다음 문장을 인도네시아어로 바꿔 보세요.

① 항상 열심히 일하는 짠띠 씨 _____

② 당신을 기쁘게 해주는 일 _____

3 접미사 -i의 활용

접미사 -i는 명사, 동사 그리고 me-와 결합하여 타동사의 의미를 갖는다.

1. 명사	nasehat 충고	Profesor menasehati mahasiswanya. 교수님은 그의 학생에게 충고를 했다.
2. 동사	duduk 앉다	Sandra menduduki kursi yang ada di belakang dia. 산드라는 그녀의 뒤에 있는 의자에 앉았다.

Check 5 다음 단어를 우리말 뜻에 맞게 배열해 보세요.

① **melayani / tamu / dari / yang / Korea / pelayan**
종업원은 한국에서 온 손님에게 서비스 제공을 했다.
_____

② **pacar / saya / mencintai / saya**   나는 나의 애인을 사랑한다.
_____

③ **saya / menyukai / ini / buku**   나는 이 책을 좋아한다.
_____

④ **tamu / kantor / kami / mengunjungi**   손님은 우리 사무실을 방문하였다.
_____

⑤ **memukuli / ayah / itu / anjing**   아버지는 강아지를 계속해서 때렸다.
_____

04
끝장 마무리

A [보기]에서 알맞은 단어를 골라 빈칸에 써넣으세요.

[보기]

menempuh	mengundang	tampak

1. Anda _____ sedih sekali hari ini.
2. Selamat _____ hidup baru.
3. Saya akan _____ semua temannya.

B 주어진 단어를 우리말 뜻에 맞게 배열해 보세요.

4. diundang / karyawan / semua / oleh / pak Agus   모든 직원은 아구스 씨에 의해 초대되었다.
_____

5. menikah / yang / dengan / dia / laki-laki / tampan   그녀는 잘생긴 남자와 결혼한다.
_____

6. menasehati / guru / murid-murid / tidak / yang / rajin   선생님은 게으른 학생들에게 충고했다.
_____

C 다음 문장을 우리말로 바꿔 보세요.

7. Barusan saya selesai hal yang penting.
_____

8. Surat ini dibuat oleh Canti. _____

9. Kami mengurangi biaya pesta. _____

10. Saya diundang oleh orang yang datang dari Korea.
_____

HiEnglish

Role-Play

D 짝과 함께 [보기]와 같이 승진을 축하해 보세요.

[보기]

A: Halo Duri. Saya mengucapkan selamat atas promosi Anda.
안녕하세요 두리 씨. 당신의 승진을 축하합니다.

B: Terima kasih banyak. Saya senang sekali.
정말 감사합니다. 저는 매우 기쁩니다.

E 다음 사진을 보고 [보기]와 같이 축하하는 말을 해 보세요.

[보기]

ulang tahun   pernikahan   tahun baru

A: Selamat ulang tahun. / Selamat hari ulang tahun.
생일을 진심으로 축하합니다.

Culture Tip

애들아, 경전 읽기 시간이야!

인도네시아 교육은 우리나라와 같은 12년제로 초등학교 6년, 중학교 3년, 고등학교 3년으로 구성되어있다. 학교와 교육을 교육부와 종교부가 함께 담당하는 것이 특징이다. 전체 학교의 84%는 교육부가 담당하는 국·공·사립학교이고, 16%는 종교부가 담당하는 종교학교이다. 여기서 종교학교는 이슬람 학교를 말한다. 가을 학기제가 기본이기에 학기의 시작은 우리와 달리 7월 중순이며 인도네시아 교육제도는 국어, 수학과 같은 교과목뿐만 아니라 모든 학교에는 종교 과목이 존재한다. 학생들은 종교 시간에 자신이 믿는 종교에 관해 공부를 하는데 대부분 인도네시아 사람들은 이슬람을 믿기 때문에 이슬람 전공 교사가 학교에 배치되어 있으며 경전 읽기 등의 활동을 한다. 인도네시아는 다양한 종족으로 구성되어 있어 지역마다 다른 언어를 사용하기에 지역 간에 의사소통이 안 되는 경우가 많다. 그래서 정부는 표준어를 통해 하나의 인도네시아로 통합하는 동시에 종족의 정체성과 문화를 보존하기 위해 학교에서 표준어와 다른 지역 언어 하나를 의무적으로 교육하고 있다.

UNIT 20

명절_
Selamat tahun baru!

★ 이번 과에서 배울 주요 표현을 살펴보세요.

MP3 20-01

1 명절을 묻고 답할 때

Hari ini adalah hari idul fitri kan?
하리 이니 아달라 하리 이둘 피트리 깐?
오늘은 이둘 피트리(금식이 끝나는 날)이죠?

Bukan. Hari ini hari kemerdekaan Indonesia.
부깐. 하리 이니 하리 끄므르데까안 인도네시아.
아니요. 오늘은 인도네시아의 독립기념일이에요.

2 새해 인사할 때

Selamat tahun baru!
슬라맛 따훈 바루
새해 복 많이 받으세요.

01 단어 끝장내기

Idul fitri 이둘 피트리	금식 기간 마지막 날 (이슬람 최대 명절)	**walaupun** 왈라우뿐	비록~이지만
kemerdekaan 끄므르대까안	독립, 해방	**Tahun baru** 따훈 바루	새해
pantas 빤따쓰	적당한, 합당한	**kue** 꾸에	과자, 쿠키, 케이크
melihat 믈리핫	보다, 쳐다보다	**kue beras** 꾸에 브라쓰	쌀떡
memegang 므매강	잡다, 쥐다	**sup** 쑵	국
bendera 븐대라	기, 깃발	**budaya** 부다야	문화
salah 살라	잘못된, 틀린	**istimewa** 이쓰띠매와	특별한
Hari raya 하리 라야	명절, 기념일	**penasaran** 쁘나싸란	궁금한, 알고 싶어 하는
sayang 사양	안타까운	**kemari** 끄마리	이리로, 이곳으로
acara 아짜라	행사	**pasti** 빠쓰띠	확실한, 분명한

Check 1 다음 우리말에 맞는 인도네시아어 낱말을 쓰세요.

① 독립, 해방　_____　② 새해　_____
③ 깃발　_____　④ 문화　_____
⑤ 명절, 기념일　_____　⑥ 확실한, 분명한　_____

02 회화 끝장내기

A 대화문을 읽고 말해 보세요.

1 민호 씨와 짠띠 씨가 인도네시아 독립기념일에 관해 대화하고 있다.

Minho: **Hari ini adalah hari idul fitri kan?**
하리 이니 아달라 하리 이둘 피트리 깐?

Canti: **Bukan. Hari ini hari kemerdekaan Indonesia.**
부깐. 하리 이니 하리 끄므르데까안 인도네시아.

Minho: **Pantas. Saya melihat banyak orang di jalan yang memegang bendera Indonesia.**
빤따쓰. 사야 믈리핫 바냑 오랑 디 잘란 양 므매강 븐대라 인도네시아.

Canti: **Ya, betul. Hari kemerdekaan adalah salah satu hari raya terbesar.**
야, 브뚤. 하리 끄므르데까안 아달라 살라 사뚜 하리 라야 뜨르브싸르.

Minho: **Dua hari yang lalu adalah hari kemerdekaan Korea. Sayang sekali saya tidak bisa hadir acara hari kemerdekaan.**
두아 하리 양 랄루 아달라 하리 끄므르데까안 꼬레아. 사양 스깔리 사야 띠닥 비사 하디르 아짜라 하리 끄므르데까안.

Canti: **walaupun sudah lewat, saya mengucapkan selamat atas hari kemerdekaan Korea.**
왈라우뿐 수다 래왓, 사야 믕우짭깐 슬라맛 아따쓰 하리 끄므르데까안 꼬레아.

Minho: **Sama-sama.**
사마-사마.

인도네시아 현장 Tip_ 독립기념일

8월 17일은 인도네시아가 영국, 네덜란드, 일본의 삼국으로부터 350여 년간의 긴 식민지 생활에서 벗어난 독립기념일이다. 넓은 국토와 풍부한 자원으로 인해 인도네시아는 여러 나라의 침략을 받았으며 1602년 네덜란드의 침략과 함께 시작된 식민지 생활은 태평양전쟁이 발발하고 동남아시아 지역에 욕심을 가지고 있던 일본의 속국이 되며 다시 한 번 힘든 고비를 맞게 된다. 1945년 8월 17일, 인도네시아는 드디어 일본으로부터 독립하게 된다. 이날은 인도네시아인들에게는 너무나도 소중하며 뜻깊은 날이라 할 수 있다.

Plus 학습

명절과 관련된 표현

· **Kapan hari raya terbesar di Indonesia?** 인도네시아의 가장 큰 명절은 언제인가요?
· **Hari ini hari anak-anak.** 오늘은 어린이 날이에요.
· **Hari ini hari orang tua.** 오늘은 어버이 날이에요.
· **Saya menghabiskan waktu dengan keluarga pada hari raya.** 저는 명절에 가족과 시간을 보내요.

hari panen 추석	tanggal merah 빨간 날	libur panjang 연휴	ramai 붐비다
sepi 한산하다	terjual habis 매진되다	pemainan tradisional 전통 놀이	

2 설날에 또노 씨가 민호 씨를 집으로 초대한다

Minho: **Wah, rumah Anda mewah sekali.**
와, 루마 안다 메와 스깔리.

Tono: **Terima kasih. Selamat tahun baru!**
뜨리마 까시. 슬라맛 따훈 바루!

Minho: **Selamat tahun baru! Semoga sehat dan bahagia.**
슬라맛 따훈 바루! 스모가 세핫 단 바하기아.

Tono: **Silakan makan kue tahun baru ini. Istri saya pintar membuat**
실라깐 마깐 꾸에 따훈 바루 이니. 이스뜨리 사야 삔따르 음부앗
kue-kue.
꾸에—꾸에.

Minho: **Kok makan kue si? Biasanya di Korea kami makan sup kue**
꼭 마깐 꾸에 씨? 비아싸냐 디 꼬레아 까미 마깐 숩 꾸에
beras.
브라쓰.

Tono: **Iya dong. Ini budaya Indonesia. Tetapi budaya makan sup**
이야 동. 이니 부다야 인도네시아. 뜨따삐 부다야 마깐 숩
kue beras juga istimewa. Saya penasaran!
꾸에 브라쓰 주가 이스띠메와. 사야 쁘나사란!

Minho: **Kapan-kapan kemarilah rumah saya. Saya akan membuatnya.**
까빤—까빤 끄마릴라 루마 사야. 사야 아깐 음부앗냐.

Tono: **Pasti!***
빠쓰띠!

> **인도네시아 현장 Tip_ Pasti***
>
> 대화를 할 때 상대방의 제안이나 무언가를 상기시켜 줄 때 당연하고 확실하다는 긍정을 표현할 때 pasti를 사용한다.
> A: Kapan-kapan main ke rumah saya. 언제 우리 집에 놀러 오세요.
> B: Pasti! 당연하죠!

Check 2 본문 내용과 일치하면 O표, 일치하지 않으면 X표를 하세요.

① **Hari ini hari kemerdekaan Indonesia.** (   )
② **Istri Tono membuat kue tahun baru.** (   )

03 어법 끝장내기

1 salah satu ~중 하나

salah satu는 '~중 하나'라는 의미로 쓰인다.

- **Dia adalah karyawan di perusahaan ABC.** 그는 ABC 회사의 직원이다.
→ **Dia adalah salah satu karyawan di perusahaan ABC.** 그는 ABC 회사의 직원 중 한 명이다.

- **Hari ini hari raya terbesar di Indonesia.** 오늘은 인도네시아의 가장 큰 명절날입니다.
→ **Hari ini salah satu hari raya terbesar di Indonesia.** 오늘은 인도네시아의 가장 큰 명절 중 하루입니다.

Check 3 다음 문장을 우리말로 바꿔 보세요.

① **Kopi salah satu minuman yang saya suka.**
_____

② **Minho adalah salah satu teman yang dari Korea.**
_____

2 walaupun 비록 ~일지라도

walaupun은 '비록 ~일지라도'의 의미로 양보의 의미가 있다.

- **Saya sakit perut.** 나는 배가 아프다. + **Saya masuk kerja.** 나는 출근한다.
→ **Masuk kerja walaupun saya sakit perut.**
  비록 나는 배가 아프지만 출근을 했다.

- **Memberi kado ulang tahun.** 생일 선물을 주다. + **Tidak ada uang.** 돈이 없다.
→ **Memberi kado ulang tahun walaupun tidak ada uang.**
  비록 돈이 없지만 생일 선물을 주었다.

Check 4 주어진 단어를 우리말 뜻에 맞게 배열해 보세요.

① walaupun / kerjanya / selesai / belum / pulang / dia / sudah
비록 일이 끝나지 않았지만 그는 이미 퇴근했다.
_____

② saya / walaupun / bekerja / hari / ini / raya / hari
비록 오늘은 명절이지만 저는 일을 해요.
_____

3 semoga / harap ~하기를 바란다

'~하기를 바란다'는 의미의 기원문으로 semoga와 harap을 주로 사용한다. 그러나 harap을 사용할 때는 말하는 주체를 명시해 주어야 한다.

Semoga sehat dan bahagia.	건강하고 행복하길 바래요.
Semoga usaha Anda selalu sukses.	당신의 사업이 항상 잘되기를 기원합니다.
Saya **harap** Anda sehat dan bahagia.	나는 당신이 건강하고 행복하기를 바래요.
Kami **harap** usaha Anda selalu sukses.	우리는 당신의 사업이 항상 잘 되기를 기원합니다.

Check 5 다음 우리말을 인도네시아어로 바꿔 보세요.

① 나는 아버지가 일찍 퇴근하기를 바래요.
_____

② 이둘 피트리 때 모든 가족을 만나길 바래요.
_____

04 끝장 마무리

A [보기]에서 알맞은 단어를 골라 빈칸에 써넣으세요.

[보기]

mengucapkan	salah satu	tahun

1 Hari kemerdekaan _____ hari raya terbesar.

2 _____ selamat atas hari idul fitri.

3 Selamat _____ baru!

B 주어진 단어를 우리말 뜻에 맞게 배열해 보세요.

4 asinan / satu / salah / makanan / tradisi / Indonesia
야채 절임은 인도네시아의 전통 음식 중 하나이다.
_____

5 walaupun / rajin / bekerja / kecil / gainya   비록 봉급이 적어도 열심히 일한다.
_____

6 sehat / dan / semoga / bahagia   건강하고 행복하세요.
_____

C 다음 문장을 우리말로 바꿔 보세요.

7 Korea adalah salah satu negara maju.   _____

8 Sandra salah satu orang yang sering terlambat.   _____

9 Saya dapat bonus ketika hari idul fitri.   _____

10 Dia pintar berbahasa Indonesia walupun orang Korea.
_____

HiEnglish

Role-Play

D [보기]와 같이 명절을 축하하는 말을 해 보세요.

[보기]

tahun baru(새해) hari kemerdekaan(독립기념일) hari natal(크리스마스)

Selamat tahun baru! 새해 복 많이 받으세요!

E 짝과 함께 [보기]와 같이 한국의 명절을 소개해 보세요.

[보기]

Imlek adalah hari raya yang terbesar di Korea.
구정은 한국의 가장 큰 명절입니다.

Biasanya orang-orang berlibur 3hari pada imlek.
사람들은 구정에 보통 3일 동안 쉽니다.

Biasanya orang-orang menghabiskan waktu dengan keluarga pada imlek.
사람들은 구정에 보통 가족들과 시간을 보냅니다.

Culture Tip

인도네시아의 가장 큰 명절 Idul fitri(Lebaran)

이슬람교가 대다수인 인도네시아에서 우리나라의 구정과 같은 1년 중 가장 커다란 명절은 바로 idul fitri이다. 단식 기간이 끝난 후에 명절을 말하며 이슬람 달력으로 날짜가 결정되기 때문에 매년 달라지고 보통 지난해보다 반 개월 정도 빨라진다. 이 기간에는 모든 이슬람인들이 일을 하지 않으며 명절 상여금과 휴가를 받는다. 여느 나라의 명절과 비슷하게 모든 가족이 한 집에 모여 선물을 주고받으며 즐겁게 지낸다. 1년 중 가장 긴 연휴이기 때문에 가족, 친척들이 함께 이 명절을 보내기 위해 민족 대이동을 하는 시기이다. Idul fitri(Lebaran) 아침이 밝으면 온 가족이 함께 사원에서 기도를 드리고 성묘를 다녀온다. 그 후에는 집안 어른들께 "Mohon maaf lahir dan batin!(제 안팎의 모든 죄를 용서해 주십시오!)"라고 인사를 하는 풍습이 있다.

해석 및 참고 답안

 인사_ Halo, apa kabar?

01 단어 끝장내기 p. 19

Check 1
① kabar ② baik ③ saya ④ Anda ⑤ pulang

02 회화 끝장내기 p. 20

1
제이: 안녕하세요?
짠티: 만나서 반갑습니다.
제이: 저도 만나서 반갑습니다. 이름이 어떻게 되세요?
짠티: 제 이름은 짠티입니다. 당신은요?
제이: 제 이름은 Jay예요. 저는 Jay회사 사장이에요. 당신은요?
짠티: 저는 ABC 회사 직원이에요.

2
산드라: 민호 씨, 안녕하세요?
민호: 안녕하세요, 산드라 씨. 오랜만이에요. 잘 지내요?
산드라: 감사해요. 저는 잘 지내요. 당신은요?
민호: 저도 잘 지내요. 조심히 들어가세요. 또 만나요.
산드라: 네, 잘 가요. 또 만나요.

Check 2
① 짠띠는 ABC사의 직원이다. (O)
② 민호 역시 잘 지낸다. (O)

03 어법 끝장내기 p. 22

Check 3
① Apa kabar minho?
② Bagaimana kabar Minho?

Check 4
① 당신 ② 우리

Check 5
① 제 이름은 산드라입니다.
② 저도 잘 지냅니다.
③ 그/그녀는 내 동생입니다.
④ 동생분은 어떻게 지내세요?
⑤ 우리는 ABC 회사의 직원입니다.

04 끝장 마무리 p. 24

A 1. apa 2. Siapa 3. Bagaimana
B 4. Halo, apa kabar?
C 5. Nama saya Tono.
6. Sampai jumpa lagi.
7. Bagaimana kabar Anda?
8. Nama saya Kim Min Soo.
9. Saya presiden perusahaan BBC.
10. Terima kasih.

 가족_ Kenalkan, ini orang tua saya.

01 단어 끝장내기 p. 27

Check 1
① orang tua ② putra ③ pelajar ④ keluarga
⑤ rumah ⑥ saudara

02 회화 끝장내기 p. 28

1
민호: 와, 당신의 집이 멋있어요! 이건 당신 가족을 위한 작은 선물이에요.
또노: 고마워요. 소개해드릴게요. 이 분은 제 부모님이세요.
민호: 안녕하세요? 만나서 반갑습니다.
또노: 그리고 여기는 나의 아내, 아들 그리고 딸이에요.
민호: 안녕하세요? 당신의 두 아이가 너무 귀여워요.
또노: 제 아이들은 초등학생이에요. 아이들은 공부하는 것을 좋아해요.

2
민호: 당신 가족이 매우 행복해 보이네요.
짠띠: 감사해요.
민호: 이 사람들은 누구예요?
짠띠: 그들은 제 형제들이에요.
민호: 당신 오빠의 직업은 뭐예요?
짠띠: 나의 오빠는 회사원이고 여동생은 학생이에요.

Check 2
① 짠띠의 가족은 행복해 보인다. (O)
② 짠띠 여동생의 직업은 회사원이다. (X)

03 어법 끝장내기 p. 30

Check 3
① Orang tua saya sudah makan nasi goreng.
② Putri dia sudah pergi ke Jakarta.
③ anak saya sedang belajar di sekolah.
④ saya akan pergi ke Korea.

⑤ saya akan pulang.

Check 4
① Ini / Itu orang tua saya.
② Ini / Itu buku baru.

Check 5
① 여동생은 저를 좋아합니다.
② 아버지는 일하는 것을 좋아합니다.

04 끝장 마무리 p. 32

A 1. adik 2. Keluarga 3. Sedang
B 4. Rumah Anda bagus.
   5. Ini istri dan anak saya.
   6. Keluarga mereka sedang makan.
C 7. Ini orang tua saya.
   8. Adik perempuan saya pelajar.
   9. Mereka saudara saya.
   10. Dia suka saya.

 직장_ Kerja di mana?

01 단어 끝장내기 p. 35

Check 1
① akhir-akhir ini ② sibuk ③ laporan ④ bulan
⑤ sangat ⑥ bantu

02 회화 끝장내기 p. 36

1 로샤: 민호 씨 안녕하세요. 오랜만이에요.
   민호: 로샤 씨, 요즘 어디에서 일을 해요?
   로샤: 저는 의류 회사에서 일을 하고 있어요.
   민호: 거기에서 일한 지 얼마나 되었어요?
   로샤: 나는 거기에서 디자인 실장으로 일한 지 2년이 되었어요.
   민호: 오, 그래요? 몇 시부터 일을 해요?
   로샤: 나는 보통 8시부터 5시까지 일을 해요.

2 짠띠: 좋은 아침이에요. 당신은 매우 바빠 보이네요.
   민호: 나는 오늘 오전 11시까지 이번 달 판매 보고서를 완성해야 해요.
   짠띠: 두 시간 남았나요?
   민호: 네, 맞아요. 혹시 바쁘세요?
   짠티: 아니요. 나는 안 바빠요. 무엇을 도와드릴까요?
   민호: 네, 고마워요. 지난 달 판매 보고서를 찾아줄 수 있어요? 판매 보고서는 두 번째 서랍에 있어요.

보고서는 3장입니다.
짠띠: 네, 찾아볼게요.

Check 2
① 민호는 의류회사에서 디자인 팀장으로 일한다. (X)
② 짠디 씨는 지금 바쁘다. (X)

03 어법 끝장내기 p. 38

Check 3
① Dua belas ② Lima puluh

Check 4
① 저는 셋째입니다.
② 이것은 두 번째 보고서입니다.

Check 5
① 영업 팀에는 5명이 있습니다.
② 서랍에는 판매 보고서 한 장이 있다.

04 끝장 마무리 p. 40

A 1. bekerja 2. bangun 3. selalu
B 4. Bisakah Anda bantu saya?
   5. Guru adik perempuan saya selalu baik.
   6. Pakaian Anda cantik dan bagus.
C 7. Saya karyawan tim desain.
   8. Ayah saya polisi.
   9. Pelajar harus belajar dengan rajin.
   10. Karyawan perusahaan kami sepuluh orang.
D (모범 답안)
   ① A: Apa pekerjaan Anda?
        당신의 직업은 무엇인가요?
      B: Saya polisi.
        저는 경찰입니다.
      A: Sudah berapa lama Anda menjadi polisi?
        경찰이 된지 얼마나 되었나요?
      B: Sudah empat tahun.
        4년이 되었어요.
   ② A: Apa pekerjaan Anda?
        당신의 직업은 무엇인가요?
      B: Saya dokter.
        저는 의사입니다.
      A: Sudah berapa lama Anda menjadi dokter?
        의사가 된지 얼마나 되었나요?
      B: Baru satu tahun.
        이제 막 1년 됐어요.
   ③ A: Apa pekerjaan Anda?
        당신의 직업은 무엇인가요?

B: Saya penyani yang terkenal.
저는 유명한 가수입니다.
A: Sejak kapan Anda terkenal?
가수가 된지 얼마나 되었나요?
B: Sudah lima tahun.
5년이 되었어요.

성격_ Bagaimana sifat dia?

01 단어 끝장내기 p. 43

Check 1
① tipe ideal ② susah ③ wanita ④ tampan
⑤ tidak ⑥ apalagi

02 회화 끝장내기 p. 44

1 민호: 발리에서 새로 온 직원 만났습니까?
짠띠: 네, 만났어요. 새로 온 직원과 사무실에서 이야기도 했어요.
민호: 아, 그렇군요. 그는 어때요?
짠띠: 제 생각에 그는 성실하고 믿음직스러운 사람 같아요.
민호: 나는 그가 조용한 사람인줄 알았어요.
짠띠: 아니요. 그는 말이 많아요.

2 민호: 당신의 이상형은 뭐예요?
짠띠: 잘생기고 남성적인 사람이요. 특히 유머감각이 있는 사람이요.
민호: 그렇다면 만나기 어렵겠어요.
짠띠: 저는 기다릴 거예요. 당신은요?
민호: 저는 착하고 부지런한 여자가 좋아요.
짠띠: 당신 앞에 있는 여자는 어때요?
민호: 네?
짠띠: 하해! 농담이에요. 만약 착한 여자가 있다면 당신에게 소개해 드릴게요.

Check 2
① 민호는 착한 여성을 좋아하지 않는다. (X)
② 새로운 직원은 과묵하다. (X)

03 어법 끝장내기 p. 46

Check 3
① Saya datang dari Jakarta.
② Minho kerja di perusahaan pakaian.

Check 4
① ke ② dari

Check 5
① 제 여동생 학교는 집 앞에 있습니다.
② 이 선물은 또노 부모님을 위한 것입니다.

04 끝장 마무리 p. 48

A 1. tipe ideal 2. orang 3. kepada
B 4. Saya suka wanita yang jujur.
5. Presiden berbicara dengan karyawan baru.
6. Pak Kim duduk di antara Yuna dan Tono.
C 7. Apa tipe ideal Anda?
8. Saya tidak suka orang yang tidak sopan.
9. Jus ini manis.
10. Keluarga saya tinggal di Seoul.

날씨_ Bagaimana cuaca di Indonesia?

01 단어 끝장내기 p. 51

Check 1
① cuaca ② panas ③ panjang ④ musim
⑤ hujan ⑥ selama

02 회화 끝장내기 p. 52

1 두리: 나는 내일 1주일 동안 인도네시아에 갈 거예요. 인도네시아는 덥나요?
짠띠: 인도네시아 날씨는 항상 더워요.
두리: 그러면 저는 여름 옷을 가져 가야 하죠?
짠띠: 네, 맞아요. 하지만 외출할 때는 긴 소매 옷도 필요해요.
두리: 정보 감사해요.
짠띠: 인도네시아는 비가 자주 와요. 그러니 우산이나 비옷 챙겨 오는 것을 잊지 마세요.

2 민호: 짠띠 씨는 어느 계절을 가장 좋아하나요?
짠띠: 저는 여름을 가장 좋아하고, 인도네시아 역시 여름 밖에 없어요.
민호: 한국에는 4계절이 있어요. 봄, 여름, 가을 그리고 겨울이요.
짠띠: 아, 그렇군요. 언제 시간이 된다면 한국에 가보고 싶어요.
민호: 저는 겨울을 추천해요.

Check 2
① 인도네시아 날씨는 항상 덥다. (O)

② 짠띠 씨는 봄을 가장 좋아한다. (X)

03 어법 끝장내기 p. 54

Check 3
① Apakah Yono suka musim panas?
② Dia polisikah?

Check 4
① Siapa ② ke mana ③ Apa

Check 5
① 제가 인도네시아어를 당신과 함께 배우는 것이 어떻습니까?
② 그는 왜 일주일 동안 싱가폴에 갑니까?

04 끝장 마무리 p. 56

A 1. dingin 2. payung 3. musim
B 4. Di Indonesia ada cuma dua musim.
   5. Cuaca Jakarta panas dan sering hujan.
   6. Kapan-kapan saya mau pergi ke Bali.
C 7. 날씨가 더울 때 짧은 소매의 옷을 입어야 한다.
   8. 한국에는 봄, 여름, 가을 그리고 겨울이 있습니다.
   9. 왜 아직 집에 안 갔어요?
   10. 당신의 동생은 가을을 좋아합니까?

 전화_ Halo, bisa saya bicara dengan Canti?

01 단어 끝장내기 p. 59

Check 1
① minta ② minggu depan ③ datang ④ telepon
⑤ dinas luar ⑥ sebentar

02 회화 끝장내기 p. 60

1 두리: 여보세요? 짠띠 씨와 통화 가능한가요?
   요노: 네, 잠시만요. 짠띠 씨 전화 왔어요.
   짠띠: 여보세요, 짠띠입니다. 누구시죠?
   두리: 저는 한국에 있는 BBC회사의 영업 팀의 두리입니다.
   짠띠: 아 네, 안녕하세요 두리 씨. (이번 주에) 인도네시아로 출장 오시는 거 맞죠?
   두리: 이번 주가 아니에요. 저는 다음 주에 인도네시아에 갈 거예요.

2 두리: 여보세요, 영업 팀 짠띠 씨와 통화 가능한가요?
   산드라: 전화 잘못 거셨어요. 여기는 영업 팀이 아닙니

다. 여긴 디자인 팀입니다.
두리: 오, 죄송합니다. 영업 팀 번호를 알려주시겠어요?
산드라: 0878-9989-3456. 이 번호입니다.
두리: 매우 감사합니다.

Check 2
① 두리는 인도네시아로 출장을 갈 것이다. (O)
② 산드라는 영업 팀에서 일한다. (X)

03 어법 끝장내기 p. 62

Check 3
① 집에 돌아 가도 되나요? ② 저와 만나실 수 있나요?

Check 4
① Pak Agus bukan kepala tim penjual.
② Ini bukan buku saya.

Check 5
① Saya dan istri saya belum punya anak.
② Pak Jinyoung belum datang dari Korea.

04 끝장 마무리 p. 64

A 1. bicara 2. tidak 3. kan
B 4. Saya akan telepon kepada Pak Tono.
   5. Saya akan pergi ke Bali minggu depan.
   6. Kalian tidak boleh merokok.
C 7. 나는 미고랭을 먹어 본 적이 없습니다.
   8. 그들은 이 대학교 학생이 아닙니다.
   9. 나는 아직 우리 팀 팀장님과 이야기하지 않았다.
   10. 당신은 언제 부모님께 전화 할 것 입니까?
E (모범 답안)
   ① A: Apa Anda bisa berenang?
        당신은 수영을 할 수 있나요?
      B: Ya, bisa. / Tidak bisa.
        네, 할 수 있어요. / 아니요, 못 해요.
   ② A: Apa Anda bisa masak?
        당신은 요리를 할 수 있나요?
      B: Ya, bisa. / Tidak bisa.
        네, 할 수 있어요. / 아니요, 못 해요.
   ③ A: Apa Anda berani bungee jump?
        당신은 번지점프할 용기가 있나요?
      B: Ya, berani. / Tidak berani.
        네, 용기가 있어요. / 아니요, 용기가 없어요.

출장_ Berapa lama Anda akan inap di Jakarta?

01 단어 끝장내기   p. 67

Check 1
① kontrak ② tanggal ③ jemput ④ kunjung
⑤ bandara ⑥ perjalanan

02 회화 끝장내기   p. 68

1   짠띠: 당신의 출장 일정이 어떻게 되나요?
    두리: 저는 자카르타 수까르노-하따 공항에 3월 11일 목요일에 도착합니다.
    짠띠: 네, 저희 회사 직원이 2시에 마중을 나갈 거예요. 이름은 또노 씨입니다. 자카르타에 얼마 동안 머무르십니까?
    두리: 감사합니다. 2박 3일 동안 머무를 것이에요. 12일에 귀사를 방문할 것이에요.
    짠띠: 네, 자카르타에서 만나요.
    두리: 네, 또 만나요.

2   또노: 자카르타에 처음 와보시나요?
    두리: 출장으로 발리는 가 본 적이 있어요. 그런데 자카르타는 처음이에요.
    또노: 자카르타가 마음에 드시나요?
    두리: 제 생각에 자카르타의 풍경은 굉장히 아름답고 날씨 역시 좋아요.
    또노: 칭찬 감사합니다. 저희는 당신 회사와 계약을 체결하고 싶어요.
    두리: 네, 저희도요.

Check 2
① 직원이 공항으로 두리씨 마중을 나갈 것이다. (O)
② 또노 씨는 계약을 위해 한국에서 왔다. (X)

03 어법 끝장내기   p. 70

Check 3
① 오후 5시에 민호는 자카르타에 도착합니다.
② 안똔 씨는 이미 3시간을 기다렸습니다.

Check 4
① 나는 수요일에 한국으로 돌아갑니다.
② 오늘은 목요일입니다

Check 5
① 오늘은 4일입니다. ② 내일은 5일입니다.
③ 어제는 금요일이었습니다. ④ 5일은 월요일입니다.

04 끝장 마무리   p. 72

A   1. dua malam 2. menandatangani 3. pertama
B   4. Bagaimana jadwal perjalanan bisnis Anda?
    5. Saya akan jemput Minho di bandara.
    6. Pemandangan Korea sangat indah.
C   7. 2일 동안 호텔에서 묵고 싶다.
    8. 사장님은 몇 시에 공항에 도착하십니까?
    9. 저희가 공항까지 모셔다 드리겠습니다.
    10. 우리는 당신과 계약하여 기쁩니다.
E   (모범 답안)
    ① A: Kota yang mana Anda akan pergi untuk perjalanan bisnis?
         어느 도시로 출장을 갑니까?
       B: Saya harus pergi ke New york untuk kontrak.
         저는 계약을 위해 뉴욕을 가야 합니다.
       A: Selama berapa hari? 몇 일 동안 갑니까?
       B: Selama 4hari 3malam. 3박 4일 동안이요.
    ② A: Kota yang mana Anda akan pergi untuk perjalanan bisnis?
         어느 도시로 출장을 갑니까?
       B: Saya harus pergi ke Paris untuk kontrak.
         저는 계약을 위해 파리를 가야 합니다.
       A: Selama berapa hari? 몇 일 동안 갑니까?
       B: Selama 5hari 4malam. 4박 5일 동안이요.
    ③ A: Kota yang mana Anda akan pergi untuk perjalanan bisnis?
         어느 도시로 출장을 갑니까?
       B: Saya harus pergi ke Cina untuk kontrak.
         저는 계약을 위해 중국을 가야 합니다.
       A: Selama berapa hari? 몇 일 동안 갑니까?
       B: Selama 6hari 5malam. 5박 6일 동안이요.

 공항_ Halo, saya mau memesan tiket pesawat ke Bali.

01 단어 끝장내기   p. 75

Check 1
① Penerbangan ② Barang ③ Bagasi ④ Paspor
⑤ Pulang pergi ⑥ Selamat dating

02 회화 끝장내기   p. 76

1   민호: 안녕하세요. 발리행 비행기 표를 예약하고 싶어요.
    직원: 언제 출발하세요?

민호: 11일 오후에 티켓이 있습니까?
직원: 오후 1시 티켓이 있습니다. 일반석과 비즈니스석 중 어느 좌석을 원하세요?
민호: 왕복으로 비즈니스석 한 명으로 주세요.
직원: 몇 일에 자카르타로 돌아오실 예정입니까?
민호: 13일요.
직원: 11일 출발 그리고 13일에 돌아오시는 것이 맞죠
민호: 네, 맞습니다.

2   민호: 안녕하세요. 1시 발리 행 탑승 수속을 하고 싶어요.
직원: 어서 오세요. 여권과 비행기표를 보여주세요.
민호: 네, 여기 여권과 티켓이에요.
직원: 수화물 안에 위험한 물건이 있나요?
민호: 아니요, 없습니다. 옷과 커피만 있습니다.
직원: 어디에 앉고 싶으신가요? 창가 쪽 아니면 복도 쪽이요?
민호: 복도 쪽으로 할게요. 화장실에서 가장 가까운 좌석으로 부탁해요.

Check 2
① 민호는 왕복 이코노미 클래스를 예약했다. (X)
② 민호의 짐 속에는 옷과 커피만 있다. (O)

03 어법 끝장내기 p. 78

Check 3
① Ibu masak nasi goreng untuk anaknya.
② Minho ambil kopernya dari rumah saya.
③ Pulang ke rumahnya.
④ Pak Agus pulangnya cepat.

Check 4
① Saya bertemu dengan kakek sebelah ibu.
② Sandra ingin duduk di sisi koridor.

Check 5
① Dia paling / ter-suka minum susu.
② Canti paling / ter-cantik di kantor kami.

04 끝장 마무리 p. 80

A   1. memesan 2. bagasi 3. paling
B   4. Selamat datang di Jakarta.
    5. Duri duduk di sebelah depan.
    6. Pelayanan pesawat Korea terbaik.
C   7. 체크인 하셨습니까?
    8. 발리 행 비행기가 출발할 것이다.
    9. 비행기는 가장 빠른 대중교통이다.
    10. 직원은 아직 그의 사무실에서 일을 한다.
D   (모범 답안)
    ① A: Apakah ada barang yang bahaya di dalam bagasi Anda?
       당신의 짐 안에 위험한 물건이 있나요?
    B: Tidak ada. Ada cuma dan tustél.
       아니요. 옷과 사진기만 있어요.
    A: Boleh saya buka bagasi Anda?
       당신의 짐을 열어봐도 될까요?
    B: Ya, boleh. 네, 그러세요.
    ② A: Apakah ada barang yang bahaya di dalam bagasi Anda?
       당신의 짐 안에 위험한 물건이 있나요?
    B: Tidak ada. Ada cuma dan rokok.
       아니요. 옷과 담배만 있어요.
    A: Boleh saya buka bagasi Anda?
       당신의 짐을 열어봐도 될까요?
    B: Ya, boleh. 네, 그러세요.
E   ① Saya pergi ke Bali hari ini. ② Ya, ini dia.
    ③ Ya, terima kasih.

UNIT 09 호텔_ Saya ingin memesan kamar.

01 단어 끝장내기 p. 83

Check 1
① cucian ② tamu ③ termasuk ④ kamar
⑤ gratis ⑥ ini

02 회화 끝장내기 p. 84

1   민호: 여보세요, 발리 호텔이죠? 방을 예약하고 싶은데요.
호텔 직원: 네, 저희 호텔에 아직 방이 있습니다. 며칠 밤 묵으실 거죠?
민호: 3월 11일부터 2박 3일 예약하고 싶어요
호텔 직원: 하룻밤 가격은 10만 루피아이며 아침 식사가 포함되어 있습니다.
민호: 방 하나를 예약해 주세요.
호텔 직원: 네, 당신의 이름과 전화번호를 말해 주세요.

2   호텔 직원: 자카르타 호텔에 오신 걸 환영합니다. 무엇을 도와드릴까요?
민호: 좋은 점심입니다. 여기 306호인데요. 나는 세탁 서비스를 이용하고 싶어요
호텔 직원: 네, 룸서비스 직원이 세탁물을 가지러 손님의 방으로 갈 거예요.

민호: 세탁 비용이 얼마예요?
호텔 직원: 저희 호텔 손님들에게 세탁 서비스는 무료입니다.
민호: 와, 이 호텔의 서비스는 자카르타 호텔만큼 좋네요.
호텔 직원: 감사합니다. 그러나 저희 호텔 경치는 자카르타 호텔보다 더 좋아요.

Check 2
① 민호는 방 두 개와 냉장고를 추가하였다. (X)
② 세탁 서비스는 모든 호텔 직원들에게 무료이다. (X)

03 어법 끝장내기 p. 86

Check 3
① Ayah sama baik dengan ibu.
② Direktur sama rajin dengan petugas.

Check 4
① Saya bekerja lebih rajin daripada dia.
② Teguh kurang suka durian daripada Minho.

Check 5
① Ada berapa mahasiswa di kelas?
② Ada berapa helai laporan di atas meja?
③ Selama berapa hari?
④ Ada berapa ekor ayam?
⑤ Ada berapa orang di kantor?

04 끝장 마무리 p. 88

A 1. berapa 2. lebih 3. harga
B 4. Berapa biaya untuk menggunakan layanan pencucian?
   5. Kami mau kamar yang termasuk sarapan.
   6. Apakah itu kunci kamar dia?
C 7. 이 호텔의 서비스는 저 호텔만큼 좋다.
   8. 발리에 있는 호텔 가격이 얼마예요?
   9. 인도네시아 사람이 한국사람보다 많다.
   10. 당신들의 방 번호를 알려주시겠어요?
E (모범 답안)
   ① 여기 203호인데요. 빵과 커피를 주문하고 싶어요. Ini kamar nomor 203. Saya ingin memesan roti dan kopi.
   ② 여기 203호인데요. 에어컨이 고장 났어요. 와서 수리해 주시겠어요? Ini kamar nomor 203. AC-nya rusak. Maukah datang dan memperbaiki?

 # UNIT 10 약속_ Kapan Anda mau bertemu?

01 단어 끝장내기 p. 91

Check 1
① melakukan ② urusan ③ kurang ④ sana
⑤ janji ⑥ sekitar

02 회화 끝장내기 p. 92

1 두리: 여보세요, 두리입니다. 어제 밤에 자카르타에 막 도착했어요. 당신 회사 사장님과 만나고 싶어요.
   짠띠: 안녕하세요 두리 씨. 언제 만나고 싶으세요?
   두리: 다음 주 월요일 오전은 어떤가요?.
   짠띠: 월요일 아침이라면 확실히 말씀 드리기 힘들어요. 왜냐하면 매주 월요일 아침에는 사장님과 전직원이 회의를 해요.
   두리: 그렇다면 점심 식사 이후에는 어떠신가요?
   짠띠: 제 생각에는 그 시간이 딱 좋은 것 같아요.
   두리: 2시쯤 제가 그쪽으로 가겠어요.
   짠띠: 네, 제가 사장님께 전달해 둘게요.

2 짠띠: 여보세요, ABC 의류 회사에 짠띠입니다.
   두리: 네, 무슨 일 있나요?
   짠띠: 정말 죄송합니다. 우리의 약속 시간을 바꿀 수 있을까요?
   두리: 오, 왜요?
   짠띠: 월요일 점심 식사 이후에 사장님이 매우 중요한 일이 있기 때문이에요.
   두리: 네, 괜찮아요. 그래서 언제 사장님을 만날 수 있는 거죠?
   짠띠: 화요일 오후는 어떠세요?
   두리: 네, 가능합니다.

Check 2
① 두리 씨는 내일 밤에 자카르타에 도착할 예정이다. (X)
② 짠띠 씨는 두리 씨와 사장님의 약속 시간을 변경하려 한다.(O)

03 어법 끝장내기 p. 94

Check 3
① Saya pulang minggu depan hari Minggu.
② Hari Minggu ulang tahun saya.

Check 4
① Saya ingin mengubah pertemuan kami karena ada urusan penting.
② Oleh karena sibuk, saya belum makan.

Check 5
① Pesawat cepat sekali / pesawat sangat cepat.
② Hp pintar bagus sekali / Hp pintar sangat bagus.
③ Orang itu baik sekali /Orang itu sangat baik.
④ Pacar saya cantik sekali / Pacar saya sangat cantik.
⑤ Canti rajin sekali / Canti sangat rajin.

04 끝장 마무리 p. 96

A 1. penting 2. sekitar 3. kurang
B 4. Sekretaris saya akan sampaikan kepada pak Yono.
5 Semua karyawan sangat tidak suka rapat.
6 Kemarin adalah hari Minggu.
C 7. 우리의 약속 시간을 변경해도 될까요?
8. 다음 주에 저와 영화관에 가실래요?
9. 그는 매 모임마다 늦어요.
10. 시간이 있다면 오세요.

 ## 길 찾기_ Arah ke mana?

01 단어 끝장내기 p. 99

Check 1
① kanan ② permisi ③ kiri ④ jauh
⑤ perempatan ⑥ gampang

02 회화 끝장내기 p. 100

1 진영: 안녕하세요?
짠띠: 안녕하세요. 무엇을 도와 드릴까요?
진영: 네, 모나스 가는 길을 알려주세요.
짠띠: 쉬워요. 이 길로 직진하다가 사거리에서 좌회전하세요. 모나스는 광장 중앙에 있어요.
진영: 감사합니다.
짠띠: 천만에요.

2 진영: 실례합니다. 이 근처에 핸드폰 가게가 있나요?
짠띠: 네, 있어요.
진영: 핸드폰 가게 가는 길을 알려주세요.
짠띠: 사거리에서 우회전 한 다음 50미터 직진하세요. 거기에 핸드폰 가게가 있어요.
진영: 여기서 멉니까? 몇 분이 걸려요?
짠띠: 별로 멀지 않아요. 걸어서 10분 정도 걸려요.

Check 2
① 짠띠 씨는 모나스 가는 길을 모른다. (X)
② 진영 씨는 핸드폰 가게를 가고 싶어 한다. (O)

03 어법 끝장내기 p. 102

Check 3
① belakang ② samping / sebelah

Check 4
① Saya tertidur di kantor karena cape.
② Surat ini tertulis dalam Bahasa Indonesia.

Check 5
① 한국에서 인도네시아까지 비행기로 7시간 걸린다.
② 세차하는데 4시간 걸린다.
③ 걸어서 10분 걸립니다.
④ 이 회의는 2시간 걸릴 것 입니다.
⑤ 점심 먹는데 1시간 걸린다.

04 끝장 마무리 p. 104

A 1. terletak 2. kasih 3. belok
B 4. Apakah rumah Anda jauh dari sini?.
5. Tolong kasih tahu jalan ke kantor Anda.
6. Bank Korea terbuka pada jam 9pagi.
C 7. 싱가폴까지 비행기로 6시간 걸린다.
8. 영화관은 병원 맞은편에 있다.
9. 실례합니다, 이 근처에 식당이 있나요?
10. 슈퍼마켓 지난 후에 우회전하세요.
E (모범 답안)
① A: Makan waktu berapa lama untuk pergi ke kota? 시내까지 가는 데 얼마나 걸리나요?
B: Kira-kira 5menit dengan mobil. 자동차로 대략 5분 걸려요.
② A: Makan waktu berapa lama untuk pergi ke kota? 시내까지 가는 데 얼마나 걸리나요?
B: Kira-kira 10menit dengan sepeda motor. 오토바이로 대략 10분 걸려요.
③ A: Makan waktu berapa lama untuk pergi ke kota? 시내까지 가는 데 얼마나 걸리나요?
B: Kira-kira 20menit dengan bus. 버스로 대략 20분 걸려요.

 ## 회의_ Inilah data untuk produk baru kami.

01 단어 끝장내기 p. 107

Check 1
① presentasi ② pertanyaan ③ rapat ④ pesan

⑤ minimum ⑥ perhatian

02 회화 끝장내기 p. 108

1   두리: 모두 안녕하세요. 회의를 시작할까요!
    짠띠: 네, 시작하세요.
    두리: 이것은 우리 회사의 새로운 제품에 대한 자료입니다. 모두에게 자료를 나눠 주세요.
    짠띠: 한 명에 하나씩이요?
    두리: 네, 맞아요. 저는 15분 동안 발표를 하겠습니다.
    짠띠: 네, 시작하세요.

2   두리: 제 발표는 여기까지입니다. 잘 들어주셔서 감사합니다.
    짠띠: 당신 회사의 신제품이 굉장히 좋군요.
    두리: 감사합니다! 신제품에 관해 질문 있으신가요?
    짠띠: 네, 한 번에 최소 주문 수량은 몇 개입니까?
    두리: 매 주문마다 최소 10개씩 주문할 수 있습니다
    짠띠: 네, 우리는 논의를 해보고 이메일로 연락을 드릴게요.

Check 2
① 두리 씨는 50분 동안 발표를 했다. (X)
② 새로운 제품은 매우 좋다. (O)

03 어법 끝장내기 p. 110

Check 3
① membayar ② menjawab

Check 4
① Silakan duduk dan tunggu sebentar.
② Silakan pulang kalua kerjanya sudah selesai.

Check 5
① Mulailah di depan semua orang!
② Turunlah dari mobil!
③ Makanlah kue ini.
④ Masuklah ke kamar itu.
⑤ Tidurlah sekarang.

04 끝장 마무리 p. 112

A   1. mulai 2. diskusi 3. luar biasa
B   4. Data ini tentang produk baru kami.
    5. Rapat akan mulai pada jam 3sore.
    6. minumlah obat jika Anda sakit!
C   7. 회의는 아침 9시에 시작되고 2시간 안에 끝날 예정이다.
    8. 우리는 새 제품에 대해서 논의해야 한다.
    9. 모든 자료를 팀장님에게 주세요!
    10. 5분 휴식하세요.
E   (모범 답안)
    Ini adalah pengumuman tentang rapat internal perusahaan. Rapat akan dilakukan tanggal 15 mei jam 10 pagi. Rapat akan berlangsung di ruang rapat 102 yang ada di gedung A lantai 6. Di dalam rapat kami akan berdiskusi tentang jam kerja. 회사 내부 회의에 대한 공지입니다. 시간은 5월 15일 아침 10시입니다. 장소는 A빌딩 6층 회의실 102호에서 개최합니다. 내용은 근무 시간에 대한 새 규정에 관한 것입니다.

UNIT 13 협상_ Beri tambah diskon 5persen untuk perusahaan kami.

01 단어 끝장내기 p. 115

Check 1
① mengerti ② warna ③ tergantung ④ mitra
⑤ tanya ⑥ tambah

02 회화 끝장내기 p. 116

1   짠띠: 여보세요, 두리 씨와 통화할 수 있을까요?
    두리: 제가 두리입니다. 무엇을 도와 드릴까요?
    짠띠: 저희가 주문하려고 하는 제품 가격이 너무 비싼 것 같아요.
    두리: 그렇게 비싸지 않아요. 저희는 이미 그 제품에 대해 할인을 많이 해 준 것이에요.
    짠띠: 저희 회사에 5% 추가 할인을 해주세요.
    두리: 그 가격으로는 불가능해요. 이 제품은 인기가 있으며 수량 역시 부족해요.
    짠띠: 우리는 이미 오랫동안 당신 회사와 협력해 왔어요. 추가 할인을 받기를 바랍니다.
    두리: 저희도 당신들이 좋은 협력 파트너인 것은 알고 있습니다. 당신의 제안을 우리 사장님이 받아들이기를 바래요.
    짠띠: 네, 감사합니다. 모두가 잘됐으면 좋겠어요.

2   짠띠: 제 생각에는 모델 3번 빨간색 제품이 우리의 요구에 부합하는 것 같아요. 이 제품은 할인을 받나요?
    두리: 그건 얼마만큼 주문하는지에 따라 달라집니다.
    짠띠: 만약 추가로 5%를 할인해 준다면 500개 이상을 주문할 것입니다.
    두리: 5%는 힘들어요. 2%를 추가 할인해 주는 것은 어떤가요?

짠띠: 좋습니다.
두리: 이번에는 이 가격으로 판매를 하지만 다음 번 계약 때부터는 가격 조정을 할 거예요.
짠띠: 네, 무슨 말씀인지 이해했습니다. 우리의 협상이 성공적이어서 기쁩니다.

Check 2
① 짠띠 씨는 자신의 회사에 5% 추가 할인을 받기를 원한다. (O)
② 제품 가격은 주문하는 수량에 따라 다르다. (O)

03 어법 끝장내기   p. 118

Check 3
① Gaji saya terlalu kecil.
② Adik laki-laki saya terlalu kurus.

Check 4
① pintar ② pendek

Check 5
① 그 제품은 약간 싸지만 꽤 좋다.
② 나는 그다지 키가 크지도 뚱뚱하지도 않다.

04 끝장 마무리   p. 120

A 1. berhasil 2. diskon 3. mengerti
B 4. Produk baru ini lumayan bagus.
　　 5. Baju warna merah lebih cocok dengan Anda.
　　 6. Semoga kami bisa dapat diskon.
C 7. 10개 이상 주문하는 것은 어떻습니까?
　　 8. 그 가격은 이미 싸고 정가입니다.
　　 9. 우리 팀 팀장님은 우리에게 꽤 잘해줍니다.
　　 10. 짠띠 씨는 사무실에서 가장 어렵습니다.
E (모범 답안)
　　 Nama dan nomor produk adalah 712 Indonesia yang berwarna merah.
　　 제품명과 번호는 인도네시아 712번 제품으로 빨간색입니다.
　　 Kami memesan 500 produk.
　　 제품은 500개를 주문합니다.
　　 Tempat pemesan adalah Jakarta, Indonesia.
　　 주문 장소는 인도네시아의 자카르타입니다.

여행_ Saya ingin berwisata ke Indonesia.

01 단어 끝장내기   p. 123

Check 1
① berwisata ② transportasi ③ terkenal
④ biro perjalanan ⑤ cara ⑥ kapal

02 회화 끝장내기   p. 124

1 두리: 나는 인도네시아로 여행을 가려고 해요. 유명한 관광지 몇 군데 추천해 주세요.
　　 짠띠: 인도네시아에는 롬복 섬, 족자카르타 그리고 반둥 같은 아름다운 관광지가 많아요.
　　 두리: 저는 해변이나 산으로 가고 싶어요.
　　 짠띠: 그렇다면 저는 롬복 섬을 추천해요. 그곳의 경치는 정말 아름다워요.
　　 두리: 거기에 어떻게 가야 하죠?
　　 짠띠: 비행기나 배를 타고 갈 수 있어요.

2 두리: 안녕하세요. 저는 롬복 섬 여행 투어를 예약하고 싶어요.
　　 직원: 안녕하세요, 어서 오세요. 저희는 매일 롬복 섬으로 가는 투어가 있습니다. 언제 가고 싶으세요?
　　 두리: 6월 20일부터 25일까지 가려고 해요.
　　 직원: 어떤 교통 수단으로 가고 싶으세요?
　　 두리: 저는 배로 가고 싶어요. 여기에서 얼마나 걸려요?
　　 직원: 대략 1시간 걸려요.

Check 2
① 산드라 씨는 발리, 자카르타 그리고 반둥을 추천했다. (X)
② 롬복 섬으로 가는 투어는 토요일에만 있다. (X)

03 어법 끝장내기   p. 126

Check 3
① 나는 학교에 걸어간다.
② 남동생은 축구하는 것을 좋아한다.

Check 4
① Pacar saya berbaju warna biru tua.
② Saya akan naik pesawat yang warna cokelat itu.

Check 5
① Di kantor ini ada kurang lebih 50karyawan.
② Hotel ini ada kurang lebih 200kamar.

04 끝장 마무리   p. 128

A 1. kapal laut 2. biro perjalanan

B 3. tempat wisata
   4. Lebih baik naik transportasi umum.
   5. Kami ada tur ke Jakarta setiap hari jumat.
   6. Makan waktu berapa lama dari sini ke Seoul?
C 7. 우리 가족은 반둥에서 휴가를 보냈다.
   8. 발리로의 여정이 자카르타보다 비싸다.
   9. 이 호텔에는 대략 500명의 손님이 있다.
   10. 저는 자주 바자이를 타고 출근합니다.
E (모범 답안)
   ① Saya mau pesan tur ke Bali.
      나는 발리에 가는 여행 투어를 예약하고 싶어요.
   ② Saya mau pesan tur ke Bandung.
      나는 반둥에 가는 여행 투어를 예약하고 싶어요.
   ③ Saya mau pesan tur ke Yokyakarta.
      나는 족자카르카에 가는 여행 투어를 예약하고 싶어요.

UNIT 15 쇼핑_ Berapa harga untuk 1 kemeja batik?

01 단어 끝장내기 p. 131

Check 1
① oleh-oleh ② daerah/wilayah ③ produk khas
④ kemeja ⑤ ukiran ⑥ mewah

02 회화 끝장내기 p. 132

1 두리: 한국으로 돌아가기 전에 선물을 사고 싶은데요. 인도네시아 특산품을 추천해 줄 수 있나요?
   짠띠: 인도네시아 특산품으로는 바틱, 루왁 커피 그리고 목공예품이 있어요.
   두리: 사람들이 인도네시아 바틱은 아주 특별하고 고급스럽다고 해요.
   짠띠: 네, 맞아요. 하지만 바틱을 파는 가게를 찾기는 어려워요.
   두리: 바틱을 사려면 어디로 가야 하죠?
   짠띠: 보통은 바틱 전문 가게 또는 면세점에서 팔아요.
   두리: 바틱 셔츠 한 장에 얼마예요?
   짠띠: 품질이 좋다면 대략 5천 루피아 정도 해요.

2 두리: 안녕하세요. 저는 바틱을 사고 싶어요
   직원: 어서 오세요. 저희 가게에서는 자바, 솔로 그리고 팔렘방 지역의 바틱을 판매해요.
   두리: 저는 자바 지역 바틱을 사고 싶어요. 얼마예요?
   직원: 바틱 셔츠 한 장에 만루피아에요.
   두리: 와, 너무 비싸요. 조금만 할인해 주세요.

직원: 좋아요. 그러면 제가 2천 루피아 할인해 드리죠.

Check 2
① 바틱은 바틱 전문점에서 판다. (O)
② 두리 씨는 솔로 지역 바틱을 사고 싶어 한다. (O)

03 어법 끝장내기 p. 134

Check 3
① Seratus dua puluh tiga ribu tiga ratus lima puluh empat.
② Seratus Sembilan puluh Sembilan juta tujuh ratus lima puluh delapan ribu delapan ratus delapan puluh tujuh.

Check 4
① 옷 가게에서 바틱을 산 후에 집으로 돌아갔다.
② 학교 가기 전에 밥 먹는 것을 잊지 말아라.

Check 5
① 우리는 추가 할인을 받기를 원합니다.
② 나는 새 차를 사고 싶다.

04 끝장 마무리 p. 136

A 1. khas 2. khusus 3. daerah
B 4. Jangan lupa ambil uang kembali.
   5. Batik daerah jawa paling bagus dan mewah.
   6. Biasanya jual di toko swalayan.
C 7. 계산은 계산대에서 하세요.
   8. 저 손님은 아직 루왁 커피 계산을 안 했어요.
   9. Dua ratus Sembilan puluh tujuh ribu tiga ratus tiga puluh tiga.
   10. Sembilan ratus delapan puluh empat juta tujuh ratus tiga puluh dua ribu Sembilan ratus Sembilan puluh empat.
E (모범 답안)
   ① A: Saya mau beli mango. Berapa harga untuk 1kilo? 저는 망고를 사고 싶어요. 1킬로그램에 얼마예요?
      B: 1kilo 20ribu rupiah. 1킬로그램에 5천 루피아예요.
      A: Terlalu mahal. Bisa kurang? 너무 비싸요. 깎아 주실 수 있나요?
      B: Saya kasih diskon 2ribu rupiah. 2천 루피아 할인해 드리죠.
   ② A: Saya mau beli manggis. Berapa harga untuk 1kilo? 저는 망고스틴을 사고 싶어요.

　　　　1킬로그램에 얼마에요?
　B: 1kilo 20ribu rupiah.
　　　　1킬로그램에 1만5천 루피아예요.
　A: Terlalu mahal. Bisa kurang?
　　　　너무 비싸요. 깎아 주실 수 있나요?
　B: Saya kasih diskon 2ribu rupiah.
　　　　2천 루피아 할인해 드리죠.

 식당_ Anda mau pesan apa?

01 단어 끝장내기　p. 139

Check 1
① pelayan　② rumah makan　③ makanan
④ coba　⑤ teh　⑥ cicip

02 회화 끝장내기　p. 140

1　종업원: 저희 가게에는 닭고기 나시고랭과 소고기 나시고랭이 있어요. 무엇을 시키고 싶으세요?
　　민호: 어떤 나시고랭이 더 맛있어요?
　　종업원: 닭고기 뿐만 아니라 소고기도 맛있어요.
　　민호: 그렇다면 저는 닭고기 나시고랭 한 그릇을 시킬게요.
　　종업원: 음료는 어떻게 하시겠어요?
　　민호: 시원한 홍차 한 잔 주세요.

2　민호: 저에게 메뉴를 주시겠어요?
　　종업원: 메뉴 여기 있어요. 무엇을 시키고 싶으세요?
　　민호: 어떤 음식이 가장 맛있어요?
　　종업원: 박소를 제외하고는 다 맛있어요. 미고랭을 드셔본 적이 있나요?
　　민호: 아직 미고랭을 먹어본 적이 없어요.
　　종업원: 와, 당신은 우리 가게 미고랭을 꼭 먹어봐야 해요.

Check 2
① 닭고기 나시고랭 뿐만 아니라 소고기도 맛있다. (O)
② 민호는 미고랭을 먹어본 적이 없다. (O)

03 어법 끝장내기　p. 142

Check 3
① Baik Bali maupun Jakarta adalah tempat wisata.
② Baik Sunho maupun Minho adalah mahasiswa.

Check 4
① 자카르타 튀김을 드셔본 적이 있나요?

② 보고르 야채 절임은 매우 짜지만 맛있다.

Check 5
① 내 동생은 굴링 없이 못 잔다.
② 나는 야채 절임을 제외하고 인도네시아 음식을 모두 먹어보았다.

04 끝장 마무리　p. 144

A　1. Baik / maupun　2. dapur　3. kecuali
B　4. Nasi goreng yang mana lebih enak?
　　5. Anda harus coba makan makanan restoran kami.
　　6. Baik Cina maupun Korea adalah negara maju.
C　7. 아구스 이름으로 예약을 했어요.
　　8. 이 식당의 특별한 메뉴를 먹어보고 싶어요.
　　9. 이 식당은 이 거리에서 가장 유명합니다.
　　10. 새 주방장의 요리는 환상적으로 맛있다.

 병원_ Anda sakit di mana?

01 단어 끝장내기　p. 147

Check 1
① perut　② masuk angin　③ keracunan
④ makan resep　⑤ batuk　⑥ demam

02 회화 끝장내기　p. 148

1　의사: 들어 오세요. 어디가 아프세요?
　　두리: 안녕하세요, 의사선생님. 제 배가 너무 아파요.
　　의사: 언제부터 배가 아팠어요?
　　두리: 어젯밤부터 배가 아팠어요. 친구와 저녁을 먹은 후부터요.
　　의사: 제 생각에 당신은 식중독에 걸렸거나 과식을 한 것 같아요. 제가 진단을 해볼게요.
　　두리: 어젯밤에 배가 아파서 잠을 못 잤어요.

2　짠띠: 의사 선생님, 몸이 안 좋아요. 목이 아파요.
　　의사: 열이 있으세요?
　　짠띠: 네, 몸이 조금 뜨거워요. 가끔 기침도 해요.
　　의사: 감기에 걸리신 것 같네요. 여기 약 처방전이에요.
　　짠띠: 감사합니다. 이 약은 어떻게 먹어야 해요?
　　의사: 이 약을 매 식사 후에 드세요. 즉 하루에 세 번이에요.

Check 2
① 짠띠 씨는 배가 아파 병원을 갔다. (O)
② 짠띠 씨는 식사 전에 약을 먹어야 한다. (X)

03 어법 끝장내기 p. 150

Check 3
① 나는 이가 아파서 치과를 갔다.
② 내 동생은 공부를 많이 해서 머리가 아프다.

Check 4
① 내 친할아버지는 고혈압이 있으시다.
② 말라리아의 증상은 구역질과 구토이다.

Check 5
① Di Indonesia ada dua musim, yaitu musim hujan dan musim kering.
② Saya pernah berwisata tiga negara, yaitu Cina, Jepang dan Belanda.

04 끝장 마무리 p. 152

A 1. bahu 2. masuk angin 3. penyakit
B 4. Tidak bisa tidur gara-gara menceret.
   5. Badan kurang enak dan batuk.
   6. Bagaimana cara minum obat ini?
C 7. 어젯밤부터 제 다리가 너무 아팠어요.
   8. 조류독감의 증상은 열과 설사입니다.
   9. 이 약을 매 점심식사 이후에 드세요. 매일 한 번입니다.
   10. 축구를 할 때 타박상을 입었다.
E (모범 답안)
   ① A: Anda sakit di mana? 어디가 아프세요?
      B: Saya sakit perut. 저는 배가 아파요.
   ② A: Anda sakit di mana? 어디가 아프세요?
      B: Saya sakit gigi. 저는 이가 아파요.

 은행_ Halo, saya ingin menukar uang.

01 단어 끝장내기 p. 155

Check 1
① tukar ② menabung ③ rekening ④ menarik
⑤ pembayaran ⑥ bank

02 회화 끝장내기 p. 156

1 두리: 안녕하세요, 저는 환전하고 싶어요.
   은행원: 안녕하세요, 어떤 돈을 환전하고 싶으세요?
   두리: 저는 한국 돈에서 인도네시아 돈으로 환전하고 싶어요. 오늘 환율이 얼마예요?
   은행원: 천 원당 천이백 루피아입니다. 얼마를 바꾸고 싶으세요?
   두리: 저는 30만원을 바꾸고 싶어요.
   은행원: 네, 여권을 주시겠어요?

2 은행원: 안녕하세요, 무엇을 도와드릴까요?
   두리: 안녕하세요, 저는 새로운 계좌를 개설하고 싶어요.
   은행원: 지불 계좌와 저축 계좌 중 어떤 것을 개설하고 싶으세요?
   두리: 저축 계좌를 개설하고 싶어요. 연간 이자율이 얼마예요?
   은행원: 달러로 저축하시면 연간 이자율은 5.2%입니다.
   두리: 와, 이자율이 매우 매력적이네요. 달러로 저축을 해야겠어요.

Check 2
① 두리는 한국 돈을 일본 돈으로 환전 하고 싶다. (X)
② 두리는 저축 계좌를 개설하고 싶어 한다. (O)

03 어법 끝장내기 p. 158

Check 3
① Teman saya mengotorkan kamar saya.
② Ibu membacakan adik buku baru.

Check 4
① petani(농부), petanian(농업)
② pemalas(게으른 사람), pemalasan(게으름)

Check 5
① 저는 한국 돈을 달러로 바꿀게요.
② 새로운 저축 계좌를 개설하세요.
③ 집으로 돌아가세요.
④ 저는 커피를 마실게요.
⑤ 친구와 식사를 하세요.

04 끝장 마무리 p. 160

A 1. menabung 2. menarik 3. Karyawan bank
B 4. Saya ingin menukar uang dengan dolar.
   5. Membuka rekening tabungan untuk menabung uang.
   6. Tarif bunganya sangat menarik.
C 7. 어머니는 동생을 씻긴다
   8. 또노 씨에게 돈을 송금한다.
   9. 이것은 제 새 통장입니다.

10. 나는 인도네시아 은행의 이자율을 알고 싶다.

D (모범 답안)
① A: Saya ingin tukar uang Korea dengan uang Indonesia.
　　한국 돈을 인도네시아 돈으로 바꾸고 싶어요.
　B: Mau tukar berapa?
　　얼마나 바꾸고 싶으세요?
　A: 150ribu won. 15만 원이요.
　B: Ini uangnya. 여기 돈이 있어요.
② A: Saya ingin tukar uang Korea dengan uang Indonesia. 한국 돈을 인도네시아 돈으로 바꾸고 싶어요.
　B: Mau tukar berapa?
　　얼마나 바꾸고 싶으세요?
　A: 1juta won. 100만 원이요.
　B: Ini uangnya. 여기 돈이 있어요.

 축하_ Selamat atas promosi Anda.

01 단어 끝장내기　p. 163

Check 1
① tampak　② kesempatan　③ mengundang
④ menikah　⑤ anggota　⑥ hidup

02 회화 끝장내기　p. 164

1　민호: 당신은 오늘 매우 기뻐 보이네요. 무슨 기쁜 일이라도 있나요?
　산드라: 방금 저는 실장으로 승진되었어요.
　민호: 와, 당신의 승진을 축하 드려요.
　산드라: 고마워요. 오늘 우리 팀원들에게 자야 식당으로 점심 초대를 할 거예요.
　민호: 와, 멋지네요. 당신에게 매일 기쁜 일이 있기를 바래요.
　산드라: 정말 감사해요.

2　산드라: 인도네시아에서 결혼식에 참석한 적이 있으세요?
　민호: 아직 없어요. 저는 인도네시아에서 결혼식에 참석할 기회를 갖고 싶어요.
　산드라: 그렇다면 이번 주 주말에 제 결혼식에 오세요.
　민호: 오, 이번 주 주말에 결혼하세요? 결혼 축하 드려요.
　산드라: 고마워요. 이건 제 결혼식 초대장이에요.
　민호: 예쁘네요. 제가 인도네시아 사람에게 초대를 받는 것은 처음이에요.

Check 2
① 산드라 씨는 실장으로 승진되었다. (O)
② 산드라 씨는 이번 주 주말에 결혼한다. (O)

03 어법 끝장내기　p. 166

Check 3
① Kamar saya dibuka oleh pak Agus.
② Laporan penjual dijual oleh dia.

Check 4
① Canti yang selalu bekerja rajin
② Hal yang membahagiakan Anda

Check 5
① Pelayan melayani tamu yang dari Korea.
② Saya mencintai pacar saya.
③ Saya menyukai buku ini.
④ Tamu mengunjungi kantor kami.
⑤ Ayah memukuli anjing itu.

04 끝장 마무리　p. 168

A　1. tampak　2. menempuh　3. mengundang
B　4. Semua karyawan diundang oleh pak Agus.
　5. Dia menikah dengan laki-laki yang tampan.
　6. Guru menasehati murid-murid yang tidak rajin.
C　7. 방금 나는 중요한 일을 끝냈다.
　8. 이 서류는 짠띠가 만들었다.
　9. 우리는 파티 비용을 줄였다.
　10. 나는 한국에서 온 사람에 의해 초대되었다.
E　(모범 답안)
　① Selamat menempuh hidup baru / selamat atas pernikahan. 결혼을 축하합니다.
　② Selamat tahun baru. 새해를 축하합니다.

 명절_ Selamat tahun baru!

01 단어 끝장내기　p. 171

Check 1
① kemerdekaan　② tahun baru　③ bendera
④ budaya　⑤ hari raya　⑥ pasti

02 회화 끝장내기　p. 172

1　민호: 오늘은 이둘 피트리(금식이 끝나는 날)이죠?
　짠띠: 아니요. 오늘은 인도네시아의 독립기념일이에요.

민호: 어쩐지 저는 인도네시아 국기를 들고 있는 많은 사람들을 길에서 봤어요.
짠띠: 네, 맞아요. 독립기념일은 가장 큰 명절 중 하나에요.
민호: 이틀 전은 한국의 독립기념일이었어요. 독립기념일 행사에 참석하지 못해 아쉬워요.
짠띠: 이미 지났지만 한국 독립기념일에 축하를 표합니다.
민호: 저두요.

2 민호: 와, 당신 집이 고급스럽네요.
또노: 감사해요. 새해 복 많이 받으세요.
민호: 새해 복 많이 받으세요. 건강과 행복을 기원할게요.
또노: 이 새해 쿠키를 드셔보세요. 나의 아내는 쿠키를 잘 만들어요.
민호: 새해에 쿠키를 드시네요? 한국에서는 보통 떡국을 먹어요.
또노: 그럼요. 이것은 인도네시아 문화예요. 그러나 떡국을 먹는 문화도 특별하네요. 궁금해졌어요!
민호: 언제 한 번 제 집으로 오세요. 제가 만들어 드릴게요.
또노: 꼭 갈게요!

Check 2
① 오늘은 인도네시아 독립기념일이다. (O)
② 또노 씨 부인은 새해 쿠키를 만들었다. (O)

03 어법 끝장내기 p. 174

Check 3
① 커피는 내가 좋아하는 음료 중 하나이다.
② 민호 씨는 한국에서 온 친구 중 한 명이다.

Check 4
① Dia sudah pulang walapun kerjanya belum selesai.
② Saya bekerja walaupun hari ini hari raya.

Check 5
① Saya harap ayah akan pulang cepat.
② Semoga keluarga kami semua bertemu ketika idul fitri.

04 끝장 마무리 p. 176

A 1. salah satu 2. Mengucapkan 3. tahun
B 4. Asinan salah satu makanan tradisi Indonesia.
5. Bekerja rajin walaupun gajinya kecil.
6. Semoga sehat dan bahagia.
C 7. 한국은 선진국 중 한 나라이다.
8. 산드라 씨는 자주 늦는 사람 중 한 명이다.
9. 나는 이둘 피트리 때 보너스를 받았다.
10. 비록 그는 한국 사람이지만 인도네시아어를 유창하게 한다.
E Hari panen(chuseok) adalah hari raya di Korea. Orang-orang berkumpul dengan keluarga dan makan kue songpyeon. Dan juga berdoa kepada nenek moyang.
추석은 한국의 명절입니다. 사람들은 추석 때 가족과 함께 모여 즐겁게 송편을 먹습니다. 또한 사람들은 조상들의 묘를 참배합니다.